U0081426

書名：大六壬類闌
系列：心一堂術數古籍珍本叢刊　三式類　六壬系列
作者：心一堂編

主編、責任編輯：陳劍聰
心一堂術數古籍珍本叢刊編校小組：陳劍聰　素聞　梁松盛　鄒偉才　虛白盧主

出版：心一堂有限公司
地址／門市：香港九龍尖沙咀東麼地道六十三號好時中心LG 六十一室
電話號碼：+852-6715-0840
網址：www.sunyata.cc
電郵：sunyatabook@gmail.com
網上書店：http://book.sunyata.cc
網上論壇：http://bbs.sunyata.cc/

版次：二零一四年二月初版
平裝

　　　港幣　　一百六十八元正
定價：人民幣　一百六十八元正
　　　新台幣　五百八十元正

國際書號：ISBN 978-988-8266-50-0

香港及海外發行：香港聯合書刊物流有限公司
地址：香港新界大埔汀麗路三十六號中華商務印刷大廈三樓
電話號碼：+852-2150-2100
傳真號碼：+852-2407-3062
電郵：info@suplogistics.com.hk

台灣發行：秀威資訊科技股份有限公司
地址：台灣台北市內湖區瑞光路七十六巷六十五號一樓
電話號碼：+886-2-2796-3638
傳真號碼：+886-2-2796-1377
網路書店：www.govbooks.com.tw
　　　　　www.bodbooks.com.tw
經銷：易可數位行銷股份有限公司
地址：台灣新北市新店區寶橋路二三五巷六弄三號五樓
電話號碼：+886-2-8911-0825
傳真號碼：+886-2-8911-0801
email：book-info@ecorebooks.com
易可部落格：http://ecorebooks.pixnet.net/blog

中國大陸發行・零售：心一堂書店
深圳地址：中國深圳羅湖立新路六號東門博雅負一層零零八號
電話號碼：+86-755-8222-4934
北京地址：中國北京東城區雍和宮大街四十號
心一店淘寶網：http://sunyatacc.taobao.com

心一堂術數古籍 珍本 整理 叢刊 總序

術數定義

術數，大概可謂以「推算（推演）、預測人（個人、群體、國家等）、事、物、自然現象、時間、空間方位等規律及氣數，並或通過種種『方術』，從而達致趨吉避凶或某種特定目的」之知識體系和方法。

術數類別

我國術數的內容類別，歷代不盡相同，例如《漢書・藝文志》中載，漢代術數有六類：天文、曆譜、五行、蓍龜、雜占、形法。至清代《四庫全書》，術數類則有：數學、占候、相宅相墓、占卜、命書、相書、陰陽五行、雜技術等，其他如《後漢書・方術部》、《藝文類聚・方術部》、《太平御覽・方術部》等，對於術數的分類，皆有差異。古代多把天文、曆譜、及部份數學均歸入術數類，而民間流行亦視傳統醫學作為術數的一環；此外，有些術數與宗教中的方術亦往往難以分開。現代學界則常將各種術數歸納為五大類別：命、卜、相、醫、山，通稱「五術」。

本叢刊在《四庫全書》的分類基礎上，將術數分為九大類別：占筮、星命、相術、堪輿、選擇、三式、讖諱、理數（陰陽五行）、雜術（其他）。而未收天文、曆譜、算術、宗教方術、醫學。

術數思想與發展——從術到學，乃至合道

我國術數是由上古的占星、卜筮、形法等術發展下來的。其中卜筮之術，是歷經夏商周三代而通過

「龜卜、著筮」得出卜（筮）辭的一種預測（吉凶成敗）術，之後歸納並結集成書，此即現傳之《易經》。經過春秋戰國至秦漢之際，受到當時諸子百家的影響、儒家的推崇，遂有《易傳》等的出現，原本是卜筮術書的《易經》，被提升及解讀成有包涵「天地之道（理）」之學。因此，《易・繫辭傳》曰：「易與天地準，故能彌綸天地之道。」

漢代以後，易學中的陰陽學說，與五行、九宮、干支、氣運、災變、律曆、卦氣、讖緯、天人感應說等相結合，形成易學中象數系統。而其他原與《易經》本來沒有關係的術數，如占星、形法、選擇，亦漸漸以易理（象數學說）為依歸。《四庫全書・易類小序》云：「術數之興，多在秦漢以後。要其旨，不出乎陰陽五行，生尅制化。實皆《易》之支派，傅以雜說耳。」至此，術數可謂已由「術」發展成「學」。

及至宋代，術數理論與理學中的河圖洛書、太極圖、邵雍先天之學及皇極經世等學說給合，通過術數以演繹理學中「天地中有一太極，萬物中各有一太極」（《朱子語類》）的思想。術數理論不單已發展至十分成熟，而且也從其學理中衍生一些新的方法或理論，如《梅花易數》、《河洛理數》等。

在傳統上，術數功能往往不止於僅僅作為趨吉避凶的方術，及「能彌綸天地之道」的學問，亦有其「修心養性」的功能，「與道合一」（修道）的內涵。《素問・上古天真論》：「上古之人，其知道者，法於陰陽，和於術數。」數之意義，不單是外在的算數、歷數、氣數，而是與理學中同等的「道」、「理」--心性的功能，北宋理氣家邵雍對此多有發揮：「聖人之心，是亦數也」、「萬化萬事生乎心」、「心為太極」。《觀物外篇》：「先天之學，心法也。……蓋天地萬物之理，盡在其中矣，心一而不分，則能應萬物。」反過來說，宋代的術數理論，受到當時理學、佛道及宋易影響，認為心性本質上是等同天地之太極。天地萬物氣數規律，能通過內觀自心而有所感知，即是內心也已具備有術數的推演及預測、感知能力；相傳是邵雍所創之《梅花易數》，便是在這樣的背景下誕生。

《易·文言傳》已有「積善之家，必有餘慶；積不善之家，必有餘殃」之說，至漢代流行的災變說及讖緯說，我國數千年來都認為天災，異常天象（自然現象），皆與一國或一地的施政者失德有關；下至家族、個人之盛衰，也都與一族一人之德行修養有關。因此，我國術數中除了吉凶盛衰理數之外，人心的德行修養，也是趨吉避凶的一個關鍵因素。

術數與宗教、修道

在這種思想之下，我國術數不單只是附屬於巫術或宗教行為的方術，又往往是一種宗教的修煉手段——通過術數，以知陰陽，乃至合陰陽（道）。「其知道者，法於陰陽，和於術數。」例如，「奇門遁甲」術中，即分為「術奇門」與「法奇門」兩大類。「法奇門」中有大量道教中符籙、手印、存想、內煉的內容，是道教內丹外法的一種重要外法修煉體系。甚至在雷法一系的修煉上，亦大量應用了術數內容。此外，相術、堪輿術中也有修煉望氣（氣的形狀、顏色）的方法；堪輿家除了選擇陰陽宅之吉凶外，也有道教中選擇適合修道環境（法、財、侶、地中的地）的方法，以至通過堪輿術觀察天地山川陰陽之氣，亦成為領悟陰陽金丹大道的一途。

易學體系以外的術數與的少數民族的術數

我國術數中，也有不用或不全用易理作為其理論依據的，如揚雄的《太玄》、司馬光的《潛虛》。也有一些占卜法、雜術不屬於《易經》系統，不過對後世影響較少而已。

外來宗教及少數民族中也有不少雖受漢文化影響（如陰陽、五行、二十八宿等學說）但仍自成系統的術數，如古代的西夏、突厥、吐魯番等占卜及星占術，藏族中有多種藏傳佛教占卜術、苯教占卜術、擇吉術、推命術、相術等；北方少數民族有薩滿教占卜術；不少少數民族如水族、白族、布朗族、佤族、彝族、苗族等，皆有占雞（卦）草卜、雞蛋卜等術，納西族的占星術、占卜術，彝族畢摩的推命術、占卜術……等等，都是屬於《易經》體系以外的術數。相對上，外國傳入的術數以及其理論，對我國術數影響更大。

曆法、推步術與外來術數的影響

我國的術數與曆法的關係非常緊密。早期的術數中，很多是利用星宿或星宿組合的位置（如某星在某州或某宮某度）付予某種吉凶意義，并據之以推演，例如歲星（木星）、月將（某月太陽所躔之宮次）等。不過，由於不同的古代曆法推步的誤差及歲差的問題，若干年後，其術數所用之星辰的位置，已與真實星辰的位置不一樣了；此如歲星（木星），早期的曆法及術數以十二年為一周期（以應地支），與木星真實周期十一點八六年，每幾十年便錯一宮。後來術家又設一「太歲」的假想星體來解決，是歲星運行的相反，週期亦剛好是十二年。而術數中的神煞，很多即是根據太歲的位置而定。又如六壬術中的「月將」，原是立春節氣後太陽躔娵訾之次，當時沈括提出了修正，但明清時六壬術中「月將」仍然沿用宋代沈括修正的起法沒有再修正。

由於以真實星象周期的推步術是非常繁複，而且古代星象推步術本身亦有不少誤差，大多數術數除依曆書保留了太陽（節氣）、太陰（月相）的簡單宮次計算外，漸漸形成根據干支、日月等的各自起例，以起出其他具有不同含義的眾多假想星象及神煞系統。唐宋以後，我國絕大部份術數都主要沿用這一系統，也出現了不少完全脫離真實星象的術數，如《子平術》、《紫微斗數》、《鐵版神數》等。後來就連一些利用真實星辰位置的術數，如《七政四餘術》及選擇法中的《天星選擇》，也已與假想星象及神煞混合而使用了。

隨着古代外國曆（推步）、術數的傳入，如唐代傳入的印度曆法及術數，元代傳入的回回曆等，其中我國占星術便吸收了印度占星術中羅睺星、計都星等而形成四餘星，又通過阿拉伯占星術而吸收了其中來自希臘、巴比倫占星術的黃道十二宮、四元素學說（地、水、火、風），並與我國傳統的二十八宿、五行說、神煞系統並存而形成《七政四餘術》。此外，一些術數中的北斗星名，不用我國傳統的星名：天樞、天璇、天璣、天權、玉衡、開陽、搖光，而是使用來自印度梵文所譯的：貪狼、巨門、祿存、文曲，廉貞、武曲、破軍等，此明顯是受到唐代從印度傳入的曆法及占星術所影響。如星命術的《紫微斗數》及堪輿術的《撼龍經》等文獻中，其星皆用印度譯名。及至清初《時憲曆》，置閏之法則改用西法「定氣」。清代以後的術數，又作過不少的調整。

陰陽學——術數在古代、官方管理及外國的影響

術數在古代社會中一直扮演着一個非常重要的角色，影響層面不單只是某一階層、某一職業、某一年齡的人，而是上自帝王，下至普通百姓，從出生到死亡，不論是生活上的小事如洗髮、出行等，大事如建房、入伙、出兵等，從個人、家族以至國家，從天文、氣象、地理到人事、軍事，從民俗、學術到宗教，都離不開術數的應用。我國最晚在唐代開始，已把以上術數之學，稱作陰陽（學），行術數者稱陰陽人。（敦煌文書、斯四三二七唐《師師漫語話》：「以下說陰陽人謾語話」，此說法後來傳入日本，今日本人稱行術數者為「陰陽師」）。一直到了清末，欽天監中負責陰陽術數的官員中，以及民間術數之士，仍名陰陽生。

古代政府的中欽天監（司天監），除了負責天文、曆法、輿地之外，亦精通其他如星占、選擇、堪輿等術數，除在皇室人員及朝庭中應用外，也定期頒行日書、修定術數，使民間對於天文、日曆用事吉

凶及使用其他術數時，有所依從。

中國古代政府對官方及民間陰陽學及陰陽官員，從其內容、人員的選拔、培訓、認證、考核、律法監管等，都有制度。至明清兩代，其制度更為完善、嚴格。

宋代官學之中，課程中已有陰陽學及其考試的內容。（宋徽宗崇寧三年〔一一零四年〕崇寧算學令：「諸學生習……並曆算、三式、天文書。」，「諸試……三式即射覆及預占三日陰陽風雨。天文即預定一月或一季分野災祥，並以依經備草合問為通。」

金代司天臺，從民間「草澤人」（即民間習術數之士）考試選拔：「其試之制，以《宣明曆》試推步，及《婚書》、《地理新書》試合婚、安葬，並《易》筮法，六壬課、三命、五星之術。」（《金史》卷五十一・志第三十二・選舉一）

元代為進一步加強官方陰陽學對民間的影響、管理、控制及培育，除沿襲宋代、金代在司天監掌管陰陽學及中央的官學陰陽學課程之外，更在地方上增設陰陽學之課程（《元史・選舉志一》：「世祖至元二十八年夏六月始置諸路陰陽學。」）地方上也設陰陽學教授員，培育及管轄地方陰陽人。（《元史・選舉志一》：「（元仁宗）延祐初，令陰陽人依儒醫例，於路、府、州設教授員，凡陰陽人皆管轄之，而上屬於太史焉。」）自此，民間的陰陽術士（陰陽人），被納入官方的管轄之下。

至明清兩代，陰陽學制度更為完善。中央欽天監掌管陰陽學，明代地方縣設陰陽學正術，各州設陰陽學典術，各縣設陰陽學訓術。陰陽人從地方陰陽學肄業或被選拔出來後，再送到欽天監考試。（《大明會典》卷二二三：「凡天下府州縣舉到陰陽人堪任正術等官者，俱從吏部送（欽天監），考中，送回選用；不中者發回原籍為民，原保官吏治罪。」）清代大致沿用明制，凡陰陽術數之流，悉歸中央欽天監及地方陰陽官員管理、培訓、認證。至今尚有「紹興府陰陽印」、「東光縣陰陽學記」等明代銅印，及某某縣某某之清代陰陽執照等傳世。

清代欽天監漏刻科對官員要求甚為嚴格。《大清會典》「國子監」規定：「凡算學之教，設肄業生。滿洲十有二人，蒙古、漢軍各六人，於各旗官學內考取。漢十有二人，於舉人、貢監生童內考取。附學生二十四人，由欽天監選送。教以天文演算法諸書，五年學業有成，舉人引見以欽天監博士用，貢監生童以天文生補用。」學生在官學肄業、貢監生肄業或考得舉人後，經過了五年對天文、算法、陰陽學的學習，其中精通陰陽術數者，會送往漏刻科。而在欽天監供職的官員，《大清會典則例》「欽天監」規定：「本監官生三年考核一次，術業精通者，保題升用。不及者，停其升轉，再加學習。如能黽勉供職，即予開複。仍不及者，降職一等，再令學習三年，能習熟者，准予開複，仍不能者，黜退。」除定期考核以定其升用降職外，《大清律例》中對陰陽術士不準確的推斷（妄言禍福）是要治罪的。《大清律例・一七八・術七・妄言禍福》：「凡陰陽術士不許於大小文武官員之家妄言禍福，違者杖一百。其依經推算星命卜課，不在禁限。」大小文武官員延請的陰陽術士，自然是以欽天監漏刻科官員或地方陰陽官員為主。

官方陰陽學制度也影響鄰國如朝鮮、日本、越南等地，一直到了民國時期，鄰國仍然沿用着我國的多種術數。而我國的漢族術數，在古代甚至影響遍及西夏、突厥、吐蕃、阿拉伯、印度、東南亞諸國。

術數研究

術數在我國古代社會雖然影響深遠，「是傳統中國理念中的一門科學，從傳統的陰陽、五行、九宮、八卦、河圖、洛書等觀念作大自然的研究。……傳統中國的天文學、數學、煉丹術等，要到上世紀中葉始受世界學者肯定。可是，術數還未受到應得的注意。術數在傳統中國科技史、思想史，文化史、社會史，甚至軍事史都有一定的影響。……更進一步了解術數，我們將更能了解中國歷史的全貌。」（何丙郁《術數、天文與醫學中國科技史的新視野》，香港城市大學中國文化中心。）

可是術數至今一直不受正統學界所重視，加上術家藏秘自珍，又揚言天機不可洩漏，「（術數）乃吾國科學與哲學融貫而成一種學說，數千年來傳衍嬗變，或隱或現，全賴一二有心人為之繼續維繫，賴以不絕，其中確有學術上研究之價值，非徒癡人說夢，荒誕不經之謂也。其所以至今不能在科學中成立一種地位者，實有數困。蓋古代士大夫階級目醫卜星相為九流之學，多恥道之；而發明諸大師又故為惝恍迷離之辭，以待後人探索；間有一二賢者有所發明，亦秘莫如深，既恐洩天地之秘，復恐譏為旁門左道，始終不肯公開研究，成立一有系統說明之書籍，貽之後世。故居今日而欲研究此種學術，實一極困難之事。」（民國徐樂吾《子平真詮評註》，方重審序）

現存的術數古籍，除極少數是唐、宋、元的版本外，絕大多數是明、清兩代的版本。其內容也主要是明、清兩代流行的術數，唐宋以前的術數及其書籍，大部份均已失傳，只能從史料記載、出土文獻、敦煌遺書中稍窺一鱗半爪。

術數版本

坊間術數古籍版本，大多是晚清書坊之翻刻本及民國書賈之重排本，其中豕亥魚魯，或而任意增刪，往往文意全非，以至不能卒讀。現今不論是術數愛好者，還是民俗、史學、社會、文化、版本等學術研究者，要想得一常見術數書籍的善本、原版，已經非常困難，更遑論稿本、鈔本、孤本。在文獻不足及缺乏善本的情況下，要想對術數的源流、理法、及其影響，作全面深入的研究，幾不可能。

有見及此，本叢刊編校小組經多年努力及多方協助，在中國、韓國、日本等地區搜羅了一九四九年以前漢文為主的術數類善本、珍本、鈔本、孤本、稿本、批校本等數百種，精選出其中最佳版本，分別輯入兩個系列：

一、心一堂術數古籍珍本叢刊

二、心一堂術數古籍整理叢刊

前者以最新數碼技術清理、修復珍本原本的版面，更正明顯的錯訛，部份善本更以原色精印，務求更勝原本，以饗讀者。後者延請、稿約有關專家、學者，以善本、珍本等作底本，參以其他版本，進行審定、校勘、注釋，務求打造一最善版本，供現代人閱讀、理解、研究等之用。不過，限於編校小組的水平，版本選擇及考證、文字修正、提要內容等方面，恐有疏漏及舛誤之處，懇請方家不吝指正。

心一堂術數古籍（珍本／整理）叢刊編校小組

二零一三年九月修訂

大六壬類闡卷上

目錄

出行
行人
求財
胎產

大六壬類闌卷上

天時

占歲豐歉　歌曰欲于歲事卜豐凶但就年支上用功木穰金飢水須澇火神主旱土神豐　其法以立春日用月將加立春之時演四課三傳方決一歲之事大抵日為君長辰為民辰豐歉在太歲上神與五谷類神決之至問水旱看十二地分上所加之神將以何以知何月水旱又說以立春日時陽用大吉陰用小吉各立四課三傳以定吉凶以十二地分為十二分野如子為周乘白虎凡天罡則周分有瘟疫凡遊都有兵革九方神損大將

天罡巳起子逆行四仲遊都甲己丑乙庚子丙辛寅丁壬巳戊癸申

占逐日晴雨　坎爲雨壬癸亥子辰玄皆坎類也離爲晴而丙丁蛇雀皆離類也坎臨日支及發用主雨巽爲風而辰巳鈎騰皆巽類也震爲雷甲乙卯龍皆震類也以此可類推　凡占雨要亥子二神及龍在課傳刑克日戊日上神有雨不入課傳無雨　如丁卯日子加丁申加卯申子皆水克日故主雨　月建生扶亥子及龍主大雨　月建克制亥子青龍則雨小又亥子龍落休囚陰而微雨　亥子加巳午未申乃水升火降主累日有雨亥子值生旺日大雨加申子大雨更乘勾陳久雨占雪亦主陰厚惟亥子作空亡落陷無雨臨土受制無雨　亥子居北方爲退伏江湖無雨青龍乘申子主雨不以克制論蓋金爲水母酉爲兌澤水氣值旺相雨

必大龍所乘先日有雨如壬辰日上見壬龍是也青龍乘神生旺日又并天大雨是也巳午未申乘神加亥子丑寅無雨以寅為入廟亥子丑為遊東江河不能變化故龍入墓無雨土克水更無雨如上乘龍又無雨入廟亦並墓同總之占雨龍宜飛騰蛇宜變化龍飛即上升天蛇化乃乘于亥子與也

凡占雨雖責青龍如白虎乘于亥子主有大風雨大都龍虎須以披神合看又必欲入課傳如虎披甲乙先風後雨龍披庚辛戊己先雨後風皆取披神所克制之辰為雨日以年遁干支看披神上下干支交戰甚即雨日也初傳為雲起雨來末傳為雨止晴期子卯相加有雨子為雲卯為雷也后元合入傳為雨武乘亥子為入穴主雨巢居為見朱

雀也巳午是六辰爲雨元武也亥子是看其神臨旺扛、卿披刑帶

煞凡雨卯未四土臨四維寅申巳亥歸無雨 大都占雨占看用與辰與日辰上

發看亥子龍元辰爲神臨相有氣更披刑帶煞亥未丁馬主雨速來休

廢甚亡酒虛囚已又看雨師雨煞 煞者巾月數煞雨師正巳午快門羅 雨煞正起卯快到四仲雲

四課陰易視天罡所臨辰爲雨日天罡乘陰神加雷上子卯有雨乘陽

神子蛇虎併主暴風霹靂雨 元兄雲起山頭以月將加時日辰上沙

亥子卯三神本日有雨 水類神並雷煞或雷公煞虎雷後雨 雷煞卯大 乘朱雀雷公

煞正巳快門四孟 卯爲雷、過西方受制無雨 水類神又並巳作丁神乘蛇

雀臨卯狂雷後雨急然而來 元武連珠亥子久雨 白虎乘卯霹靂白虎乘申酉雷紛紛

占年内何日雨法　用月將加太歲上取亥子及天罡所作為下雨月也

月内何日雨　月將加時取亥子天罡所作為雨期　又以月將加月

朔又以大吉加月朔俱視子下為雨日卯下為小雨日旬中六癸下為雨期

一法以月將加月建視天上壬癸所作辰為雨日　月將春辰順一法月將加

の單り

看天上壬癸所作日雨不雨必陰　又以龍所作〻位決之如作寅〻日雨

占晴　身貴巳午二神它雀二將入課傳剋先日干或作日上神者晴不久

課傳非晴　月建朱扶火神晴必速先制火神晴必緩　火神雖在日上

及課傳而空陷者牢晴不晴休囚尔然　總要の課比和無先制晴日辰　陰

上及用神火神合併大晴先旺相火神大晴發用是火之神將或土作日辰

天時

三

若見三傳俱土必皆晴　再天罡加季加孟晴天空發用晚晴龍潛下位

水涸江河晴天空加日辰上風神乘土皆主晴風大甚多晴速太易乘

太歲月建久晴元龍作生巳丑亥上則難晴亥子亦然旬入傳剋元衝折晴

水作空地定雷年雨子加戌亥空

占久雨占何日晴　看巳午作未臨時地上為晴日如午加子日可晴太罡

此水作亦為晴其象皆前作雨看以魁排之　看何月符加本月建天上雨

丁下為晴日視四課中火神旬作再看併不落空亡克時不晴

占風　以巳為風門未為風伯再為凡神發用有氣主有風如被刑帶

無風遲速又看遁月風伯正月起申逆行十二時遁日風無正月起寅逆行十二辰飛神東對

白虎主東方為出林動則風生未未更猛　寅申加有主天乙前皆主風也

看小吉下為風起時　假如五寅日申加寅在天乙前未加丑則風起丑時也

傳見虎未有氣〻神收有氣之卿又下克上必有大風至風從何方來

黃虎收何神為東亥收為正西風戌收亥西北風　白虎小吉之克落

空上克下有風亦小　在居巳午為入乘主風　雲從龍風從虎　亦以預知

風雨占黃龍虎以占之故將乘神有氣則有風雨與雷雷併　本日有

大風雨　神后子也　太沖卯也

占暴風　日上見天乙辰戌有災戌主貴人死見勾虎主兵起　天空天后亥

既有災陰合龍孔吳宴遊見元主盜賊以風起時為期　如寅時起事應

寅時

正月 又以風紀处占吉凶 又看天乙上來貴人進退 宅上來有螣蛇雀上六

來有官非 宅上來虎 災之類 俱可意推 元非財雪雹皆當依占

總占 大凡占晴雨 看日辰用傳 凡木神多。主風。水神多。主雨 金多主陰 金

旺亦主雨 火土多 急晴急雨 土旺無雨 土休陰 火無雨 火神重 水■旺旱 水神重生

旺滂 三木多風 三火多旱 三水多雨 三土多陰 遁干凡壬子為雲。癸丑為雨。

丙子為電 丁亥為霹靂 丁卯為雷 神將以辰勾陳螣草主雪霰 太陰主

寒 又子水冰凍 亥主雹 虎主風雹 太冲被殺主風 遁雷風雹 課作以遁卯星

霜雪風雹。陽不備。主天陰。陰不備。主晴。伏吟久晴。占雨不雨。久雨占晴不晴。

返吟久晴。占雨即雨。久雨。占晴即晴 潤下見日即雨 被日光不雨 倒潤下課

有雨順潤下無雨（辰傍申子倒也申子傍辰順也未辰為入庫也）炎上逢空則火盡水生反

有小雨倒炎上主晴順炎上不晴（亦大傍入庫也）曲直生日主風搖草不論空否

均有雨但來逢丝搖草生日圓雨或被日光制則不雨稼嗇光日旱

傍卯主大雨雪雷初發聲以正時占看其方上將或龍貴合吉〻神旺相

一年豐稔蛇武下有魚賊驚害餘可例推搖看其所乘神定何方吉

山（以主百果者言）看其地上神以決應期或雀乘申臨午位則五月西南旱也

地理

占墳形勢以長生為來山假令角墓在木木上得亥子○水生于申即申為來山○又作水角墓未未上得申○則坤王來山火寅艮上是來山訣曰貴人順從龍先擇反此為陰所謂踏貴順主龍山先回或龍陰虎踞或所山隔逆貴逆反此進先主緊神隔遠　凡墳堂日為生人辰為亡人辰之陰神第四課為陵墓亡人辰陰子孫則以干支上神將論也穴中憫色有無水儀吉凶為何以辰陰上神將論或以亡者山上所得神將論葬時老座與葬成敗子孫凶以費用神將論地勢形局三傳神將論其來脈並四獸以亥為天柱作穴直作元武寅為左龍申為右所對

坤巳為葬山朱雀各以四位上神詳之凡占地有二未葬已葬各隨所占詳其吉凶可也

未葬之墳貴乎生旺已葬之墳憂動盪卜新地須要生氣不可死舊大吉臨日為死日天罡臨日為生新益辰戌為陽主生氣丑未反是若自舊傳氣乃別人舊地或新開之或人已葬此又復用此特旺日旺月旺與天德月德臨支此最吉地已葬之墳詳于右

已葬之墳辰之陰陽俱要靜不欲搖要安和不要刑害三合上下比和有無死氣安而生者獲福如逢占時葬日已命之驛馬或天馬主遷移不定

未葬已葬之地均看陰陽忌陰課傳中六陽神多則有氣主動卜新地最

宜用〻若已經葬者一定禍祥 六陰神多者〇反是〇陽神多〇又得旺

相氣主貴〇 陽少不得氣〇女人掌家〇陰多不得氣〇衰敗〇得氣者主

出美女〇 辰〻陰陽神旺相〇與辰相生合〇墓安而吉〇次休囚〇與辰相克反

是〇 辰生日并辰上神生日〇〇吉 反此凶〇 辰上與辰俱相生〇 不來生人〇 無禍亦

無災乎〇 日貴所喜吉神將龍貴常陰朱及傳送功曹生旺天喜等〇 辰

〻陰陽神兩凶並又刑冲克害日干 凶不可言 大凡陰陽神值破碎者主

不全刑冲主不定 碎碎更同 虛亡或亡日亡神傷丈主絕嗣 或被人挖掘

亡人不安 支上見亥合為兒主家道衰替 更有傳中元武從播淫風 及元

武亥子入傳主水浸亂流 支陰陽神上下生 生身吉 長生為孝書 更來朱

地理

七

雀入傳主文章必無沖破定出文名之士

地分三等也寅申巳亥為上地此名四季季書宿貴累代無須要課傳生全方吉或缺一便有沖破或子孫貴而不久 子午卯酉全者次之主中貴而大富不全者必主于遷移子孫為衣食辛苦不停以子午為陰陽往來 卯酉日月往來也 辰戌丑未全者又次之主大富而少貴不全者主無經雜粗蜀雖有衣食不能向上若非此三等即為貧賤疾苦之地 大端無仲季各要純○全○不○雜○若三傳午丑申子未寅等則無仲季之字俱有混之陰陽不分絕害子孫 地有四要一要本季旺氣二要生氣三要天月德加臨四要文上神生干俱重文之 陰陽神上 更有龍貴常陰雀合真奇地也 葬以六神藏○

四煞沒。為上吉 貴登天門四煞不可妨主人年命六神在三傳上下相克凶。必須日

辰克之可。葬以前三五，後二四。吉前五九，後三七凶。參以神將言之葬

以功曹傳送臨墓姓。門陌。貴傳。塚穴。萬里黃泉六處上者出富貴人

墓姓 宮辰 商丑 角未 徵戌 羽辰 門陌 宮戌 商庚 角甲 徵丙 羽壬 貴傳 宮丙 商戌 角壬 徵申 羽庚 塚穴

宮庚 角丙 徵戌 商壬 羽甲 三傳陰陽純則全吉雜則凶陽神多而旺吉陰多反是

穴中物色以形邊故未定穴以二十四山上所得神將論之已成故定穴

先以羅經置塚上秋所立穴在二十四山何字以天上神將決之天盤二山

相同以壬同子癸同丑艮同寅之類 以宅前賊四正加姓墓下有伏尸不

妙

秘旨

二十四山 乾亥壬子癸丑 艮寅甲卯乙辰 巽巳丙午丁未 坤申庚酉辛戌

穴塚上得 寅稚土色卯木根辰伏屍巳灶窯午伏赤土未腐木申稚色土酉

白色土戌礫石戌砂石亥無物丑伏屍子鼠穴

塚空沙 貴人佃賊土巳蛇赤土害灶朱雀赤土六合草木根勾陳黃土武虫青龍

育錢戌曲木天空無物白虎死屍太常金石元武水泉湿流太陰白土天后

鼠穴神將皆土 為二土 賊黃土 肥土金 石 土育火土 礫 磚瓦 土木 杉木 土水 泥沙 神將皆木

草木根 木火 灰炭 木金 尸骸 木水 芦根茜根 木土 杉木 神將皆水 泉 黑土水 水金 泥沙水

火 伏尸水木 枯 朽木 水土 泥沙 神將皆火 炭 赤土不生 火金 銅鐵器 火木 灰炭 火水土 磚瓦 礫

土水 伏尸 神將皆金 白石不生 金木 尸骸 金土 石 金水 泥沙 金火 銅鐵 器 神將空亡

無物 又值凡見本胄墓神發動 戌日上墓動主故墓移葬不然有旧 舊故

有刑殺侵盜焉悲出墓加日不或木加墓上見凶將攻上必有侵克或風
翻尸背生災見白虎帶生氣主白喙死氣虎故不安○一法占墓看丑上以
丑為万物俱藏之時北陰之地水与之日之辰之墓相併或性墓相併吉凶
尤的 水辛卯日卯加辛末傳丑加申作虎墓占主 因攻破家及家人爭財起
訟殺人当小口當々（卯乃他人及小口　末为兄弟及妻兒）乙巳日三傳丑巳酉主憂疑迁改 元
丑上見它虎既四刑沖破害凶丑上見龍主病見貴主貴主初傳利初年末傳
中末傳久遠 刑墓取克應用初傳不論中末取初傳空亡則不應無旺相
有應休囚無 須取用神酉子為雷雨丑車蓋車馬寅為吏人或青衣人卯
風雷術人負不能人猴死辰訊雲雨惡人巳睛時赤雲有緋衣人午南方赤雲

或緋衣來騾馬人、未老人攜飯食人、又羊雁、建申白雲白衣人送物或奔

走人、玄白衣人或爭錢西方有死馬、戌收吏爭訟有騾犬、亥黑雲皂衣人

趕豬或持傘攜畫箱之人　將得貴人、五色雲有貴官異服老者、騰蛇

怪事、朱雀南方有人攜文書來南方有鳥鳴、六合風雷或有青服親友

美麗人或幼男、勾陳爭鬥褐衣人喧鬧、青龍有送錢帛或僧道、天空奴

婢僧道、白虎凶喪人或攜兵器、太常老婦儒送或送酒食布帛、玄武黑雲

陰雨皂衣遺失物件、太陰老人白衣人有人送物、天后命婦異服女人尼僧

微雲　占葬日吉凶男以功曹女以傳送加本命貴人年上有魁罡不可用

凡喪中不將良日以登明加月建視寅申卯酉所臨為良日

占葬後吉凶　亦看初傳用起木旺相、生与吉将併子孫寬仁与長壽併出郡县官　休囚主儒将与凶将併主水土板柳之業　元辰併出爲奸女奔用起火相、旺、相生出文人爵祿尊崇有五色土与凶将併子孫好言語陰私奸淫有奇計　休囚与凶将併子孫浪遊無定犬工冶陶之業　用起土旺相、生出富貴田豐宅足子孫淸厚忠良守土官　休囚執滯不通与凶将併磚土塚墓之業　用起金旺相、生出武将富貴　休囚主則狠与凶将併及煞主子孫兵死折傷或弄兵匙多鬥訟或屠宰盜賊　用起水旺相、生子孫多謀好客酒食　休囚与凶将併主人多水厄漂流游蕩婦女淫奔來空蔭空則爲僧道　又以葬時占看何神將入本墓定其吉凶亦並看宅

長以午上 用上天將帶貴龍常子孫富貴寬容文章聰明 陰后主女多淫佚六合 災責多而謟曲元武盜賊奸邪天空奴婢勾陳爭鬥朱雀官訟螣蛇凶惡兵傷 用延本性墓修帶旺相氣又與陰龍常貴併者葬後大吉 如商角二姓九月戊申日以時占地丑臨卯用將帶天乙為商姓大墓角姓小墓所謂用起其墓三傳神將併吉大利 占地勢看傳中三木其地多樹下有坡郭三金多商器有尸骨金銀珠玉銅鐵出兵死者將三土則地平安穩三水卑濕近水下有沙石大凶三火地曲而尖有坑塊磚瓦凡穴大凶三水為純陰主女人守寡三大佹易男鰥 凡發下使以亥加癸步視天上坤下〇為地中傳送〇天上艮下〇為地中功曹〇天上巽下〇為地中甲〇天上

乾下為地中庚天上丁下為地中壬天上癸下為地中丙如葬向下為大吉子孫

福位有功，當傳送臨姓墓吉，魁罡定席臨之有伏尸。一法天罡魁一云只加（此葬向）

月建為血月，天上甲下為天位，未下為地戶；仲月天上庚下為天位，卯下為地戶；季

月天上丙下為天位，亥下為地戶。葬向天位吉，地戶凶。凡送葬宜有忌也，以姓

墓加月建，看年命去破碎下，此日魂魄入墓，不可送殯。以魁加月建年命

在天煞下不可送。大吉加葬月年命去魁罡下不可送。月將加月建辰戌丑

未下，月建下加臨人年不可送。又法陽年以丑，陰年以未，加太歲於年命去

魁罡下不可送。又戌加葬月，三殺加年命不可送。

亥為登明，為月將，背前以月將加占時，當看亥上所乘之神為山主，即當

地理

以財爻之神為案山，寅上為左龍，申上為右虎，為山主受克，必遭鬼掘（壞）墳塚之患。受刑害沖破，必遭鋤挖損傷；受泄世者，必分傍甚多而情不專；為相生相旺、節吉相合者，必是外山護繞包裹，能藏風聚氣之地。案山或刑沖克害，或生合旺相吉也，亦然。龍旺帶衰為吉，反此不吉。旺相為高，無氣為低。天后為明堂水，天后乘神與墓穴沖克為刑，戕不利。課傳中並無天后，即無水也。水為氣之母，無水即成廢地。一法：即天盤之獸元武乘盤氣乃是過山，為山勢無力。辰戌為元武，主山岡不乘伏，係回局昂為斷尸龍蹤，為斂主武，不乘須為拒尸，存不趨伏為元之所口，龍要盤，虎欲伏，主山元欲乘權欲朝之者，一有不穩，即有雜病。元龍蹤有外人數，奴僕為主，文人當

宅家辰戌主出勞瘵惡瘡顛狂淫女傷男弱或不要以主天喪人
主雖卯背井未葬了故以支為穴已葬了故以支之天盤為穴　課神
不備の而不正主應三三難定潤下子孫多妻靡不正拱羊子孫安逸不定
三交主人奔波九醜淫亂伏吟大吉反吟最凶曲直稼穡大吉吉課吉凶課主凶
土府土衆土公土母土窩九良九空集坎失鬼狗盜白衣死氣死神皆無加日辰
用不利　の無財四己用甸加生八年命支干及戊已㕥　已在死康支破空亡　康
加支遇刑尤不避爾被殘　故有六忌○☽一者二馬○夫命馬○及葬日之馬☽臨
☽○支上必至吳空○☽二者丁神臨支○三☽者支破臨支○☽四者空亡加支☽五者支遇刑
申☽光害○六☽者破碎加支○或被人攪擾右　華蓋方正時占以神辰下為是用

地理

十七

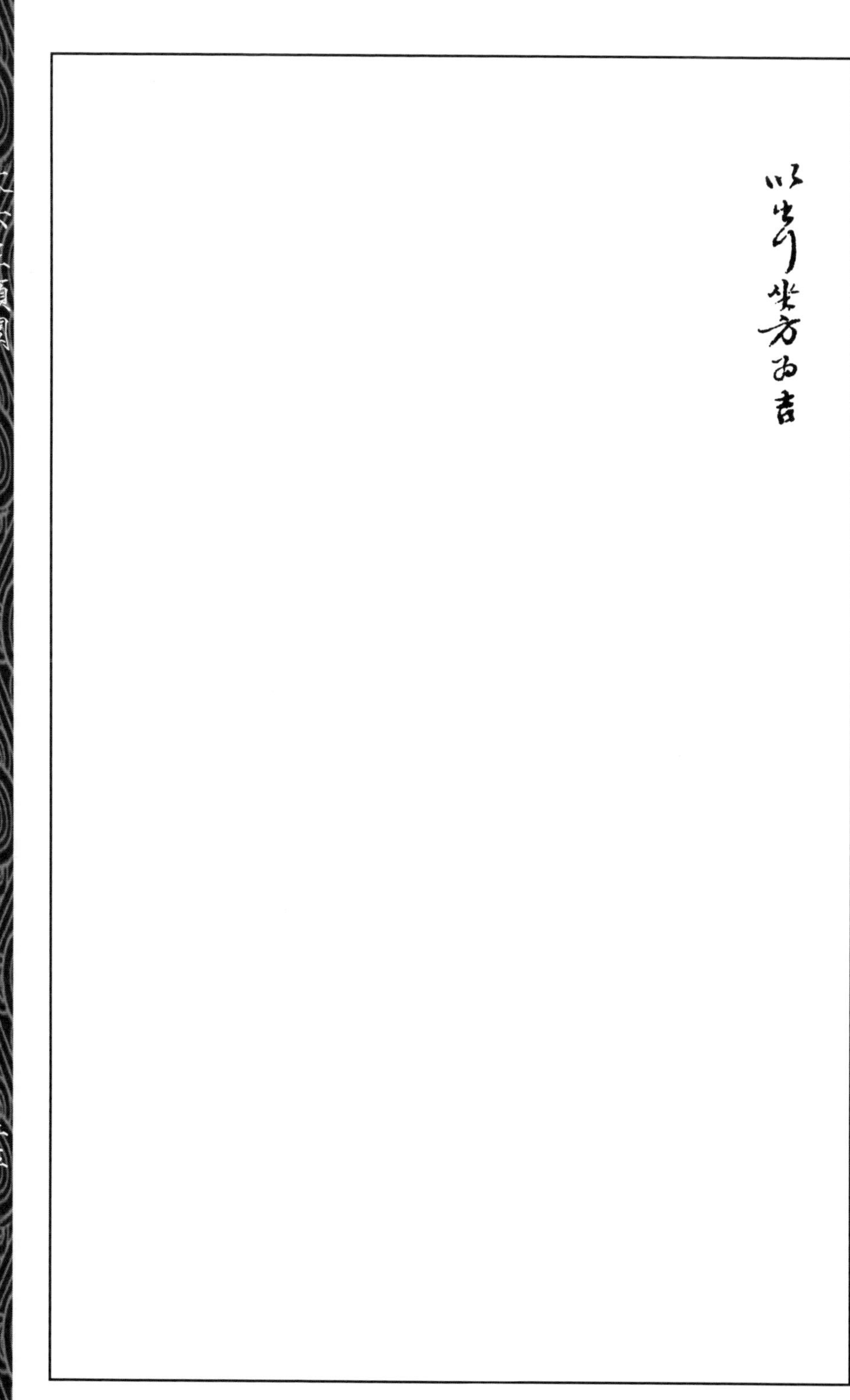

選舉

歲干為考官歲支為場屋日干為舉子日支為題目為文字為榜案也係中有吉神帶旺相氣大吉凶神帶無凶 考官雖貴歲干並亦分別大小試詳之進學進鄉場以月建為主司會試以歲破為主考殿試以太歲為主司帶龍朱生日辰及年命不空者俱中兆 小試以三傳分縣府道大試以三傳分三場 考官雖有分屬亦俱要簾幙貴人為主取暮貴朱雀相生日支年命必中旬首作簾幙中更高如乙日子申作貴又為旬首是也若甲日未加甲貴為我之墓神又不中矣課中見鬼之墓神為收入墓亦同此例 朱雀乘神剋暮貴并支不中主司之意 凡考試全

看暮貴次日者為類神雖不入傳亦須尋討看臨午日夜朱雀必來旺相入課傳不受刑克生合日辰年命主文字顯明並喜東南方若臨亥子為投江及臨西方克戰主文字艱滯不暢 占考最忌水土及空天后太陰文字幽暗元主污卷落脫 且防文內塗洗太多 天空克支有課失惟支上朱干文思清、 干乘朱支為脫文必指謫 干上有吉神吉將旺相生合中 干支拱年命者中 干支上神作貴人拱年命者中 用神旺相生合日辰年命者中 三傳生日中 三傳或作進連茹全旬生日及寅卯辰木旬巳午未火旬之類或遁生日俱主東人力薦舉中 三傳旺相併吉將中 初宅木龍為變化中 太歲作貴人或作龍入傳中 貴龍為馬臨日辰年命中

天驛馬天后太常即係之位臨日辰年命全備者中 天喜臨年命更妙

生氣與、龍來入傳 亥為天門 日德加亥為德入天門主高中 丑中有斗

未中有鬼 斗鬼合為魁 將從丑加未、加丑主年命中魁

未中兆 用先干犖、有突克文不中 子戌臨年命日干相生必中亞魁 非魁

戌中亞魁 天魁 甲辰旬內甲戌旬內若得辰戌加日干年命主中元非辰

戌旬內不能許 若殿試于辰旬內占辰作太歲生干狀元無疑 占殿試

凡天空天后太歲中必高 長生加干上或用為養收得力傳入死囚墓絕反

雖生帶旺天馬亦中 長生居日前中速 居日後緩 中傳入死絕末傳

休囚得第不祿 祿馬相併在六處 用時 日辰年命 必中 然而學試考試重馬

遲舉

十四

不重祿○今試殿試重祿○不重○○○馬榜將生一遇朱雀臨丁馬大小試多忌 學試者試○鄉○重文書○不重官鬼以貴克我也○會試殿試則科收期近趨○重○ 大試小考進學科歲考只要干上三傳旺相朱合朱雀得位俱有力至鄉會試事作貴大 必須得元首時太三光三易三奇六儀鑄印軒蓋斬輪官貴登庸等吉課方可斬作元胎有吉將亦可

若沈露下○今看幕貴朱雀旺休詳了○貴雀併也○乘旺在六處朱合音都○高也○拱前也六處生合○方納卯生六處明泥乘休囚雖中不高○不在六處而有乘旺相生合音者○中則榜也○入局不入局但落空亡處乘死囚絶墓不中死氣克符并鬼墓或臨用或在末傳不中白虎克干克辰了喪神不中

反吟伏吟支上曲直從革閉下稼穡斬關卯是皆不中必為無祿絕嗣

天網伏殃无既現化の絕苟更有凶將涉不中外休以病斷因以犯尸

死以死喪斷　已試從內伏吟必來吉神旺相中論　外以　三合如支乃生于

旺相乘龍朱以申斷　用之貴前龍常在當位亦以前列　反此從列　主降

已試以內太后太陰生扶吾身主有人　降中私　相生以后主恩神降主暗中

相生之兆亦然中

式試　以巳為弓申為箭矢申加午中紅心申加寅申加亥為四角亮以

發四用論貫多少看申之旺相休囚以午為標地惟忌の墓為

脫標

遁甲

五

官爵

占官以日為人，辰為職，太歲為天子，月建為部，學文以青龍，武看太常。寅為天吏，申為天城，河魁為印，或太常為綬，多有歲月龍常持吏印綬。貴龍乘日祿天馬、驛馬入傳，臨日支年命，旺相生合加，等官得官。有官者升遷，如刑沖破害墓絕空亡，皆不如意。最要官鬼遇貴驛馬，將合如貴，日辰旺相，不如官又旺相也。官被子孫克，印為才克，皆凶。官祿旺有祿，有日祿命祿，二祿臨正時上，再有吉神立用上主好，天驛馬與祥併，皆主遷官。惟怕見元辰與絕相會，亦官休失職。日朱文龍廢，多主升遷淹蹇。辰生日，青吏順吉。日辰互克，又見元辰，官喪好。三傳順得太

岁為用○卦遠○傳遲來日帶丁雖遲不為○用见岁克陰干陰必遠

岁上月上命上和合主聚户○遠○三傳作而不雅○旦夕有的朝命 以月將

將月建丙与城吏併作年命求官有的○驛馬看岁月日支與時年命初

傳然七馬最為緊要○入課傳為力量○為○天吏作主了天城作人○

天乙作日辰○求官有的○天空為官忌神○但有分别○為已上流年○卯

了立用○以天空奏書也○官星因死气廉破碎起用○又来克年命改户

不作了 如官○為○主氣○隨象定方向○文青龍武太常為主象要看五子何

方位○如立方位○偏○有氣○了地○如亂死氣為不吉○作日支年命為頭不作也

為臨○主象与日辰相生○六○克制或内外戰不能久○日生主外夕陰主由

家宅日內除　一曰以主家落處為長祿方位　一曰以主家五行斷之
如木東金西火南水北之類　此隨家定方之法　日去主家為歲期　辰
去主家為月期　主家生處為日期　克其主家為時期　假如甲日占　克乘寅
立辰　從寅至辰為三位　即三年　從子至辰為五位　乃五月也　申寅將生為
庚辛日戊壬癸日克申金之時為丙丁巳午時也　此隨家定期之法　以
克文申戌　將乘之神為主　立于地盤之地　又以主家長生之月為月期
官有十美　天驛　天馬　天吏　天城　天乙　太歲　官祿　即使　太陰　臨日辰年命王傷
主求仕問官　已寅升遷　官有九厄　一曰年上神與受任日克　一曰年上神
克方上神　謫役不當　方上神克年上神　必死于官　方上神即本官之
官符　克　方位神

一所行之處不可傷女人○午上神　如寅是金旁○午上是卯　一傳申神天罡太

主利秋有福○他術乎

乙与殺併主死藉殘貴害●　一宾被二宋為賊主被宾害搶劫　一主象落處

上克下凶無廉有病　下賊上退休　克与主象臨刑害方俱不利　一傳申

破生亡　一傳克日　一魁罡臨日支克天空六合為用　丁神帶殺防逃竄　日

主逢凶主丁艱　臨祿坐墓龍虎入墓　斗罡乘虎太歲為用　一傳陽年

用丑陰年用未加已太歲上川年日上　凡功曹傳送逢官　文曰科甲試

天魁以月建去支魁為月姻　日支魁為日姻　亥卯未寅辰春占吉

論八干貴吉　寅午戌宜占文書　差委干貴有面君之兆　四季旺相

如春占如寅○卯○辰○夏占巳○午○未○秋申○酉○戌類　天喜臨年命本命

支臨吉午命吉將并丁馬不能出行　馬帶日生千里出行原帶墓亦然　貴臨晝方吉日前有八著行

官祿方以甲日寅為祿如寅下卯為食加於祿位主冠帶之吉方往此居寅方而丁馬併主途路中逢凶死神尅之不利他鄉　凡所往之處日上神克年上神往中多艱難　年上神克日上神主病災殃　凡赴任日期最忌春卯夏午秋酉冬子併之往中破神最忌太歲令神生或生日上神主上公薦引生氣日臨萬事多順　凡擇上官必須定此日期用以占看行年上神與日干支不刑克沖害為日吉日之納音亦要參看又看官方上神與年上神無克

子午卯酉四日不可用

任

干謁

干謁以日為巳辰為所謁之人 又所謁貴人則看天乙加臨並看辰上併被人所臨方神 若占干謁人者看日上辰併方神以外天罡亦並看之 凡謁貴人不論天乙入傳上否但所求神生合日支併年命見必會求必允 如所求神刑沖克害日年命反是 天乙臨子午指地盤言端門亦吉 臨辰戌者主貴怒並或上下相伺生干亦吉 若行逆道即不允 雖順行而所求傳日上下神將不和亦難辦

大凡干貴及干財初傳歲要見財及龍入傳 文字要見雀 飲食要小吉 衣服要太常 務宜類入傳而得地旺相方允 所謁之人看類神為兄貴長看月建 謁文官看龍 武看常 丈人看朱雀 夫人看后 女人看神后 僧看太陰道 道看功曹

第類與日生合比和　占訪人去來憂喜　辰上與日生合為喜刑害克戰者為憂　以辰上天將決其所憂何事　如辰上見貴人為官吏及公訟事　見蛇主驚疑及紆纏　如見朱雀旺為文書　囚死火燭　六合子孫婚姻及姊妹　如見勾陳有爭鬥及人連累　見龍主財帛　見空主欺詐　見虎主病死喪及馬六畜併有出行　如見太常園田財帛　見玄武主失脫盜賊　見太陰有家務女人不明　見后婦女之憂　辰上旺相有氣生合日或作日之生氣見必會求必見　辰上空亡刑沖破害日干雖見亦不見　日上克辰他不出見我　辰若克日或日上生辰雖見亦無實意　假如甲戌日未加甲　卯加戌　戌以刑未　卯為日刃刑而且刃生見必怨　日辰上見三刑毋實主不投　日上天將入

將入廟吾不去辰上太將入廟他不出日上見天空元武空亡吾自不會去你
不宜辰上見此他不肯意即許亦虛說刑害尤甚　辰上見貴龍帶合吉
見空白勾朱雀天后遲疑太常因顛天空虛詐　辰上子午他不在家待
子午見丑在貴人及陰家見寅出使戌為木作見卯在舍收宅戌為竹木舟車
事見辰戌其人有病見巳遲吉欲遲見未吃飯不出申見道路逢了見酉在
家見亥爭者不在家惟龍來亦吉臨日支上最吉　日上神克用神得見用神
克日上戌用空不見　用上見馬與龍其人欲動身出外　如謁平等人用上作天
乙主用貴相當　占人在否看用神與行住方神合則在不合則不在
係外用寅從戌亥午方皆在以其與三合六合也方上神見子午在家等候見

平謁

廿

申寺遁班離門見未在家飲酒　再三傳相去遁則易見相去遠難見

天罡加孟貴人在家見而且親　加仲貴人在門　甘候而見　見季在外不得見

貴人來吾家　天罡加孟不來　加仲半路　加季貴人已前至　罡在日前為已去

難追在日後人未去也　戌為天頭巳為地足　頭臨加足巳　戌加　相見　足加頭不

見　巳加戌　元謁人忌隔角空亡　隔角者寅申巳亥也　占今日得食有無　子加孟得方

作　加仲得正餐　加季得完　食神加支貴人在家方食　或出外吃　得食神加

干吾援他得　太常乘關臨日辰而以得食論　年命上見龍與日辰比合

主招才帛喜慶　太常見而與日辰生合比主招得食款待　刑害不備更齋

三交將　草不見　卯見亦遁　伏吟柔日昴星在家不出　返吟出門不在　或在對

門逕間隔逕連並皆不見 逕間隔逕連並不見凡占不見者皆以用神

合處斷見日

占喚人來否 月將加日支視正時上（想亦宜加正時視支上為正 不然何異子尋事耶） 見辰戌子午使

來見寅申少須卯至丑未來緩 卯酉道上却回巳亥空若並不來凡請

客亦同此 是女人有事宜看太乙 是男人有傳送加孟未來加仲半路季即至

占有約不相見 日辰相合必見傳送收日必見伏吟三傳順必見日辰相生遠

反吟日上有句陳皆不見以用合處為見日

占路上相見 以日為吾辰為彼日克辰至傳入之墓至三傳合卯至兩傳

克辰至辰上神生合日至 辰克日不至伏吟卯呆不至辰上神刑沖克害

干禍

不來之失約　亥加仲未至子加仲尚見丑加仲已經過矣

家宅

占宅據繫干支神干為人支為宅夫宅者支〻將止也支〻所止則宅氣隨止支〻所鍾則宅氣隨鍾生旺〻宅上神來生來旺來德並三傳來生年來臨必主門庭興隆人口平安奴僕分明如值克賊刑害休囚則宅必不安克賊刑害尤看休旺休死何如刑宅者旺相〇伴厚遣不利〇死氣宅有鬼氣囚則宅欲克人〇不安剋害宅者旺相〇目前即主損人破耗〇囚死將來有損破〇休則雖無凶惡而子孫妻妾家門衰替見官亡危甚〇以上單看支上神日上神亦要看支上神生日來旺人宅安相克衰敗人亦不安然後再以人互看干支上喜生合比和忌刑沖破害死墓克賊人宅

均凶並傳四門戕尅求日克辰〇占宅忌見辰克日〇又曰宅若克人人居不穩〇
人必克宅定無妨〇並干上克支〇与干克支上〇止妨車船畜田蚕〇以上克下
必損下也若支上克日最凶〇克日上次之〇謂之宅不容人必移徙方病患災
敗之兆傷家主僕之傳曰又日上神克宅無妨但帶囚墓兼死絕氣
來克宅仍為凶也宅上神克宅旺氣猶可言帶囚墓死絕更有加凶
將必不能免禍　干傷支吉老者困　干吉支傷少年忌　日上逢墓有殃
逢生旺尔只逢不踈時間不遇終須有休死却是塚中呼　或故宅不利
貴人臨宅惟生宅与比和吉一見刑克害後有傷也看宅上神並長仲
壯季少如作悪神神悪動作天鬼防疫凡辛亥日午貴亥支主有神

歷 宅上兄脫更兄死神大凶 支生干祸亨安樂 干生支勢莫奔波难
出長進 干加支受支克为亂首須剋 不能存立●克支宅狭难留 生支可事
不運如丙戌日巳加戌投墓訟病交侵心力费尽难支家计 支加干朱干害昌
雖得小山 不畏如干反生支 戌为妻子衣食 戌負钱债 或寄日身宿家戌
干禍不逃 概为勞碌 干上神克支上神 宅不完備 支上克干上不利若寄居
有傷 直侵下人 欺上 宗人欺主 或奴婢子孫不良 干支俱受克人人有災 支
上兄旺相木神 宅宜子孫 小兄旺相火神 子孝臣忠 旺相土神 安穩不移 旺相金
第一宅上神不克日
神子孫孝義旋及四時 旺相水神 四時和睦 生矣人人 凡宅要堅牢 不可無金
土金土俱有 是宅宅貴皆論形勢 宅上兄長生 利益永久 於官冠節亦
家宅

旺則暴發而易起亦易退歌　凡宅以生旺外亦各有忌一忌死氣死神入宅剋宅主不利〻疾病災一忌盜氣臨月主人口衰耗臨宅財畜耗散一忌空亡剋日剋宅防走人失口舉動不周以空亡臨日臨辰雖年盛亦主凋零一忌生我者入空亡之地一忌生氣剋日主人常病不可言死生氣臨日亦然一忌夜貴臨宅見旺人無氣一忌墓神剋宅主病屋將拆毀或無主人或墳墓不安凡日墓支墓覆日及辰冒暗昧不明人才耗散屋宇分裂一忌魁罡與支剋日急出不安久居且田宅不收魁罡作鬼中支主宅有怪作鬼加日發用主人不安作鬼加辰發用宅將更改魁罡與日辰上下相剋宅出凶人魁罡加日有客寄居勝光加辰多寄人居一忌死魂臨日中遁魂煞大杀武也怪夢不安大鬼與天同

旺宅大災一二辰戌丑未加卯上說了檯土当门出一二太岁旺文人宅大殃
宅逢太岁来克乙小人出居子灾非常了多殃逢岁建冲破則居子不免有迍
戌了為小人更凶一二岁殺马前五位是也　宅了神煞須分日夜所主日克我
者防人损夜克我者鬼神殃出日害人相克晝夜害是宿有犯日道主脱
賊道夜道主有賊盗日刑主傷刃戌不良人相害夜刑則淨神精謀或有人
出憎相殊日死則事不遂夜死病患臥床日休囚是人事不精神夜則焚
殊魍魎日墓昏迷家散夜墓主災患將凶至死日空事不如心夜空家蕩
氣颓擱隆耗散付不知也　又旦墓来生主人吔戌才物夜墓未生主神佑了
卯奥旺当季了神生戌户者荣顯值夜季了生狱称不心太岁生岁主一年

先當住此段分晝夜當明

生戌說

家宅

岁

稍本命生我一世稍何謂日夜地盤卯辰巳午未申為日酉戌亥子丑寅為
夜假如壬癸日立在亥丑夜地若天盤以卯辰巳午未申來加是日之神來加
也為順顛以酉戌亥子丑寅來加是夜之神來加也理微妙 又曰辰未為日墓
丑戌為夜墓如甲乙日以未為墓就收夜又為夜墓庚日以丑為墓就收日在作
日用 天罡此處無虎物加支宅舍缺壞死氣白虎收左右於家痛死人家有
憂防大勾防官司 人宅有及取人宜常動○則無帶宅宜靜○則不採所心
人兄馬之止動康健宅兄馬居止不安與之宅上神加日不安見丁主一動作即有
怪異不安興工 日上神加宅不欲兄馬見之則遷改不疑如天目與乞收宅定是遷徙
出神作丁疫瘴定遁 人宅利陽不利陰課傳陽多陰少陽旺陰衰吉

占宅貴支神以為課定根基 三傳有興廢 課旺傳衰◎始時不利後当成吉
課衰傳旺日前雖好不能久遠 陽備陰不備人旺宅不全 陰備陽不備反
是 第四課為內宅 四旺相、生宅深遠 相克窄狹 卯酉反吟門戶動 甲日返吟
出甲寅戊申 課得三六合 惟有猿卒為改遷 閏下不不與隆 費用先日為備人
克支為宅惡 用與外合刑支則女憂 用與內合沖干男難 三傳合吉為上 三傳
內藏卯酉兩門出入 三傳生日家道興 日生三傳家道耗遁債負前子孫不
得力 三傳克日尤甚 日克傳為財不宜見刑沖空亡 初中末分初年中年末年
三合課同人共活 連珠三兩家住 本命得日辰三傳扶助以生受天將吉◎相
克以克處天將決之 旺之宅之安否看干支上將必天乙貴宅必龍常陰合富貴

亡宅旬宅元布凶宅咒宜双姓主虛耗，宅在宜天乙與帝旺並生氣生日支

與天盤比和者此宅乃兩間大家宅。存加長生季堂出貴人，丙爲天乙加支用

宅有双姓。支上天乙坐旺主富貴出文墨士。此不吉，發用乘丞咒咀乘午海凍

天乙若刑克休廢克入宅及主宅長有災厄。神加支有厄來。來死氣凶

添一口死一口　此伏主吟宅說　蛇為用戍丙丁日支上課更值月厭怪異夢寐於宅

防火燭更咒詛。罡亦凶。蛇立門户咒詛。罡為用為怪鬼作祟多顛狂人久病

乘玄加卯發用人才敗。加亥多婦虛淫人男傷風病。又主盲目。宅與白虎收

實主屋梁折此。將大不中克音主非橫。生我則多尸；我生則耗費；我克

財不正出而主困鈍。朱雀坤艮二姓共申與宅比和文章佈滿。若休敗夜非方

出　乘申加卯主偽造更改文字人斬手足乘辰戌獄訟乘土宅安財聚乘
巳午入宅火災乘亥上作日鬼假作乘申酉口舌乘寅有信乘未加寅門戶
丑酉乘木架造損打　六合臨四課多向老牛大發乘從合臨宅生雙雙生丁在申酉多
失惟利陰人乘神卯加辰克申因才生妒與后合主淫佚日鬼作六合
臨宅外人入宅私通子卯相加作六合出人不正臨旺相主男女奴僕多乘財
則丁旺六合主進小口婚姻喜房入門　勾陳乘日鬼加宅宅內修造化
鬼侵害人口主失脫乘罡加卯兇人鬧門戶或官病々禍乘羊刃主教偽乘文無
氣宅不入　青龍臨主不一逢吉則吉逢凶則凶遇財旺發財遇官貴旺出[illegible]
貴升官遇將星生武將乘父母主吉慶或破碎作龍者財散鬼青龍克
家宅

辰陰家有瘍病龍建死墓絕主病淹久龍乘日辰四課各自來生宅必
興旺之課陰見兄龍與家長命門相生吉相克凶大端龍旺則生宅雖不
及白虎速發而利益子孫最為長久（白虎速發不久）又附云青龍乘木破神
檀木作檻柱乘火主屋火災婦產死乘水主有人水厄又主家有孕婦乘土
主二姓人（又一姓人主凶）必損主方人免若在財鄉主求婚二姓人乘金舊宅
新錢移屋舊灶屋不安乘申加丑常有人送物乘午加丑宿貴龍乘子午
多妻依孕（不並）（家）有孕婦　天空加宅主宅墓廢欺病不和陰人疾病歲
孤寡有灶廢倒若逢歲月破主門戶衰敗々甚乘申臨卯丞主水道塞
塞門戶不便臨未有井怪臨巳釜損灶破臨亥家神不安臨戌楼[illegible]不

祥　天官臨宅無宅神　白虎乘生旺發用併生日辰不必畏他主非橫
大發財產但不久遇生氣一退如湯沃雪　虎乘申酉加宅主孝服乘神併
辰上神克日主人病死乘父母凶事乘妻財主病乘兄鬥傷乘鬼防官司戌
犬咬人加支生則吉克則禍患不[illegible]絕虎與日鬼加支必有盜賊乘土加卯為
積聚人離財耗之兆乘巳灶損乘戌犬傷人乘日鬼帶刑克鬼為殃又為
午日帝乘午午又臨亥併自刑夾傷有冤死鬼其婦再嫁亦遇害元連占
兩課支干皆傷支入傷其人不久　太常加宅旺相居學辭祿中人婚喜因死
破碎孝服財帛不安　太常主宅有修飾無傷外家財物常閒安逸
元武加宅主退人口失脫虛耗乘子臨午陰人災乘子是淫丈女子私奔乘戌加

丑对门有庙来辰加戌亥子家必近水井为水淹未罡有人持刀夜掳白
日有谁贼不识之天空并临文上断有盗贼难禁来天马主走失来戌临亥
子宅堕胎或血灾又主藏有匿犯惊跡々草或空门中失脱　太阴来宅
主宅近庙观若内死亡宅主产难小口病来辰戌加宅主妇人外慕亡中阴人
为家主不利　天后来罡临宅女人为政妻必有灾后来卯妇（阴）人守门户丑作
后婢妾为妻若加午主婢扶正主淫泆并天后不与六合併不正淫断为同课传
又同元武淫乱士擒后来内死刑克妇女不妻天后作贼罡家有走妇者节
六害久病元宅值阴句空之将皆主不振生旺状可因死（卯）凶衰败矣
日为人辰为宅辰之左右为阶冲为对门地盘卯为前门丑为後门子为丑院

丑院落申寅為過道辰墻垣巳為厠灶午為堂未為院井戌為厠畫堆亥為園併後園併入地盤看上沟何神將吉而相生為美否則損破且不安

宅長幼坐以大吉加巳 一曰太歲 太冲下為父坐從魁下為母坐天魁下為長子位登明下為中子位天罡下為長婦位勝光下為少婦位以上諸坐臨則凶 日往宮亡

尊長死亡刑相值小兒災

占災宅善惡吉凶 四課陰陽中看龍虎合貴與家長本命相生吉尅凶人尅宅吉宅尅人凶人宅伏有氣吉伏無氣凶 欲占新舊宅者以日上神為舊宅辰上神為新宅看其孰旺孰衰孰休囚以決之再以家長本命定之如命尅日自不顧居舊宅命尅辰亦然日上神尅命舊宅害我不可居辰上神尅命亦同

陸家　古陰　丘居　井

占宅逐何方以家主命前五位為宅神五宅上見登明逐貴所脩守見神后

宅內有大坑或聚水見丑未宅有聚土或墳堆或近塚見寅申近水流

及大道見卯酉近船車竹木之所見子近廟近水見巳亥近城池窯灶見魁罡近林木

山坡　辰之兩傍支為冷家用地盤白上將青神則陰吉反此凶五貴龍近貴

家房為傷害死喪人家元為偷盜人家與辰相生和睦有益刑克凶

又有日辰上克下利他人下克上利自己上下相生和好可居下生上即脫神不可

客人住上生下可容人住　占從宅以月建加家主行年由視宅神上見寅申

子午主安居保皆忌　宅神命前五位是為子生人巳是也一云月將加年　占宅井課中以青龍神后為

井之水神　水神加辰巳主有井水甘而多落實亡及因死者井淺不能食之

占宅有伏尸日辰上神見蛇虎勾魅罡魍魎并無必有伏尸以神加之則無
四時沖破 酉子卯午 併刑尤切忌加臨日與辰 宅內鬼常看天目 春辰夏未秋戌冬丑 天
鬼 正月四仲 逆行 大鬼 春午四仲 逆行順行 又加宅主本命行年及宅上又見蛇虎魁罡小吉
均有鬼論鬼多少又看小吉魁罡上白虎諸鬼某併與不併 又白虎蕩男鬼
虎陰女鬼旺相少鬼休囚老鬼 看鬼在何處鬼某臨甲在門臨乙在戶臨丙
在堂臨丁在灶臨戊在庭臨己在磨碓臨庚在井臨辛在雞棲臨壬在猪圈臨
癸在廁 又以日辰加正時魁罡所臨以決之 占宅內所妨害何物以日上見
魁罡害猫犬大小吉害牛羊卯午害驢騾馬巳害鳥酉害雞 又主雞怪
又出兵死人子害氣主作怪申防男子爭鬥所病推之又見寅卯主害寅卯生

家宅

人除類推　丑未貴加卯酉神宅不安　月厭雌罡怪虎勾加日辰未死神煞伏尸棺不舉欲移徙特有妨害　以白虎為姻又雌罡為虎　則辰戌為姻凡虎旺妨人　因病妨畜為丁亥日　酉加亥　有患眼婦人　凡占宅基未建造者亦看支上吉凶　據以上神來生旺往合為上吉　修造宅尋看支上神來生來旺修改利益　或以家長行年加太歲視本命上見雌罡不可營造　除神皆吉又造立宅舍門戶者　人年及太歲上神克今日辰之日修造大凶　又以家長年加太歲視地盤川年上見寅申作危大吉子午亦利巳亥丑未中平卯酉不利雌罡殺人　又以行年加太歲姓墓上見三殺不可修動　姓墓商丑角未徵戌宮羽辰三殺益

午子住年巳　及歲煞終年不可修造　月煞終月不宜

季年上

修造利方　陽年以大吉陰年以小吉加太歲視天上寅申（甲庚）下為天道上吉

巳亥（丙壬）下為人道次之餘皆凶　乾巽下為兵道　乙辛下為地道　坤艮下為鬼

道　修造向黃道方吉黑道方凶

以辰加子為

胃

其法常以天罡正七加子二八寅◯開位順行陽位上天罡太乙勝光輪（起◯）

訣曰道遠幾時通達路遙何日還鄉　凡遇有走遶字為黃道

一青龍　二明堂　三金匱　四天德　五玉堂　六司命

直下是詩横推是道

道◯遠◯幾時通◯達◯路遙◯何日還◯鄉

正七月　子丑寅卯辰巳午未申酉戌亥

家宅

卌

二八月　寅卯辰巳午未申酉戌亥子丑

三九月　辰巳午未申酉戌亥子丑寅卯

四十月　午未申酉戌亥子丑寅卯辰巳

五十一月　申酉戌亥子丑寅卯辰巳午未

六十二月　戌亥子丑寅卯辰巳午未申酉

道送我時通達路逢何日還鄉

占宅雜論

干為人支為宅看干支上神有無妨害人與宅吉凶便可見

大要不過旺●相◐休○囚◎死◑生克刑沖◐害十字最要復有德合害盜墓

五字可定善惡于日上見人之吉凶于辰上見宅之旺衰其外有兇煞神將

吉凶只以本宅課中三傳所臨處至日發用及年命上神與正時末
傳雖皆緊要總之其間吉凶逼真之將主事與神而明之可 二馬節
無氣來克日神大不安二馬入宅魅罡臨支動搖空來寅加巳灶不安空來
戌亥加巳穢觸灶六戊日木加巳六丙日水加巳主灶損 貴加辰戌神佛不
安貴加卯酉宅不穩更改 第三四課相克見天空除不和 馬作蛇帀加支
庚子日子加申見亡 外人入宅驚 天魁與巳雀入傳年命或蛇雀臨巳午加支火燭
罡加卯未虎入凶陽不備少男子人小阴不備少女干鬼加支父母 支加日
辰月建發用陰后合受刑 亥用受刑克冲辰上空亡伏陰小不安 子加
巳未凶將六合加日墓 退除小元來支克日 句來干加支 夫妻不反吟見龍后

家宅

年同戌長病六合兇 亥子加巳午子孫災 酉節刑 未加日本父母災 戌節

病三爻兇 陰后淫泆 罡加后女人凶 貴加支兇 四盡用二姓同居 用充日辰

上神作尸心疑不決 勾來土上田土爭 盜虎來子加四季小口災 又從貴

向丁蛇丁走失 雀丁送信 至合丁子孫走 勾丁兵卒動 龍丁財動 空丁奴走

虎丁孝服 常丁父母服 元丁失盜賊 去遠 陰丁婢走 后丁婦人不安

月厭生日咒咀事 寅加午上作巳寅日占 遇大申丙作六合 子孫不利

傳用沖支 宅不安 支神生日則外昌 魁罡來天空 臨宅為犯上 蒼臨門

乃是僧 營勾陳六合上門鬧 貴節合神 高士尋 午墓臨支有雨則○

行人立至 病人傾知 天辰來 祿恩書到明 日姓州府事相縈知 日往支

辰戌、成半月厭丁符与天空倚干怪動好沉吟天鬼若作蛇在併入宅

須知大盜侵 歲破用神多主失 月刑作用家長不安 空日刑知用刈憂妻產

時刑陰小有災殃、 皆以發用言以 天將決其事 太歲天罗枷杻蔑岁刑用虎兄重喪

辰 日刑一位天罗無有刑害主枷杻 三刑六害同倚日蛇原疾病夜宅防 白虎猖

岁刑用倚于日辰主喪

狂傷屋病 內戌為猖狂日辰 年命用傳多忌 青龍折足退財粮 為用 未卯寅加申亥 元武持刀憂

殘疾值墓 殺 勝它丑未午馬牛傷人 丑午 刑害 兄后常若入空亡地須知必定失衣裳辰戌

陰空防脫走 在日辰及發 用主走脫 勾陳鬥打在寅卯 臨卯 寅 盜入青龍防喜賤 尤來 盜神

元日喜事中 有走失 日刑時破兇血光武入私門人欲走貴常龍馬旺官妨 文中上下

休藏兄定是災凶人宅起日陰刑日丶戴墓暗塞蠹為多齟齬 如戌午日 卯加辰課

家宅

辰陰刑辰罡處無從遁卑幼驚惶橫 如甲子日戌加亥課 正課用神傷日辰家門
長幼不安康吉神遭刑凶神伏憂喜兩占虛禍祠魅罡化鬼作虎宅魔魅
藏家長服白 如月為用無天乙未占 必定干主動青龍傷遁將傷財白虎遁
揄禍不災酉加午上婢妾堂歷人為正戌偏房戌亥加丈為朱雀空中斗斛堆
椽都青龍戌亥更的磚與瓦曲隆滿架擱 合在日上有謀則成旺相臨日
喜事來速三日內應刑在日上身不安沖在日上身必動害在日上身有妨破
在日上身必退
看命法以占人生年月日時用生月將加生時 如生于十二月用子將加子卯未時上 取當日立成四課
三傳以并命法起大小運推了分十二宮隨天將順行又推地盤本命上 如巳命卯在地

臨巳上起 命宮 起命宮一命二兄弟三妻妾四子孫五財帛六田宅七奴僕八疾厄
九遷移十官祿十一福德十二父母

占一月一日吉凶

占年月日內吉凶 占日看日上神與命上神德合相生一日有喜刑沖克害百日
有灾 凡占月看月建上與命上 占年看太歲上與命上併行年上 又以三傳參分而定
月又以月建上神將隨月看
神將加日所主凡加支生克 否丙類推據其生旺休囚比合雖凶神將亦吉 貴加
日生日有貴人提拔妻託克日貴嗔人鬼葬犯神靈愿心未了日克貴人作
財 蛇加日生日主多尸憂疑克日人病火災不測 非橫 相加日克宅雖無凶
亦困鈍日生宅貴耗 朱加日生日文書喜克日是非口舌官訟日克朱雀文書財
家宅

卅三

物耆日生雀失脫文书 合加日生日和合婚姻 克日哭泣事日克合添小口

進財 勾加日生日進田土 克日官訟争競 日克勾主動土進土財 日生勾田土脫

耗 龙加日生青財耆倍常 龙克日家堂不安 日克龙出入有財 日生龙主消

貴子 空加日生日奴婢幫主書奏利益 克日奴婢挑損虛驚 日克空無

事 日生空防詠陸 虎加日生日人丈來有作為 克日孝服病血災 日克虎喪

病不免 常加日生日有人送財物 克日主酒食過傷失事 日克常有人請

召酒食 日生常我請人 元加日生日猜中私才 克日失脫 日克元虛耗

一云有喜 日生元脫盜 陰加日生日因陰人暗 克日陰人括挑失脫奴婢私

川 日克陰因陰人財因婢妾 后加日生日婚孕喜慶因子 克子婦人争吵

日克后女人財帛　日生后婦女脫耗　鬼作貴凶訟　占求官吉　鬼作蛇多嗟嘆怪異逃竄走離　鬼作雀官事惡主咒詛　鬼作合子孫怯　占事不成　占小口病死　鬼作勾理難伸　婦人產厄　鬼作龍才業豈若收身宅貴人能医下　鬼作空詐偽逢　占病不死　鬼作虎死喪苦墓虎亦凶　鬼作常孝服喪求官升遷　鬼作元盜賊侮　占病死　鬼作陰老母沉　占宅不安　多敲壓　鬼作后多少有多病不吉

家宅

又法占家宅　看家主何年所屬之如何看地盤長生位上所加之神為火何年長生在寅　金何年長生在巳　木何年長生在亥　水土何年長生在申　各看其位上神生剋上神為何旺宅多安康有事可通　生剋上神為何相家門平靜

年見亨休氣々神生氣上財破人遁是災障更有死墓併加於破損人災且凶衰 又作單看正財要知家宅田由須看時下以何將々神決事定無疑旺相休囚要細想任與朱雀是天喜生氣上加來旺相文章喜慶有實

攸 斷送官職業罪於尸上若來休廢併時間口舌紛爭有詞狀休將不言何

可知消息支遁之指掌虛遁巧妙有神靈十二天官言的當

修造遷移 凡欲修造及遷移家長行年加宅支殊墓上臨只三煞即的 煞年上敵此是凶災不移為宅煞今年宜莫動月煞月內不堪移 為犯災々煞者百日內財破人病犯月煞主傷損小口六畜 災殺二煞尤為凶殊音墓上損忌了 更看本命行年上寅申子午為吉辰巳亥丑未中平過 一云小吉主病 卯酉魁罡大不宜正

月時歲以年上定所旬元一樣推又加月將以年上 一日月建 一日月符 所向之方從甚

將神后功曹傳送迄於移居起造多吉旺

凡修造忌天地人三煞 干支納音 及年月日三煞 寅午戌年月刦亥為劫煞子為 災煞丑為歲月煞

姓音 宮羽子商酉 角卯徵午 姓墓 宮羽辰商丑角 未徵戌

又修造取黃道吉方黃道所臨為福神 任其修造 沒災煞 太歲之方 况不

畏此為諸煞及將軍 正七月起子 二八月起寅 三九月起辰 四十月起午 五十一月起申 六十二月起戌

青 明 刑 雀 金 天德 白 玉 牢 玄 司命 陳

金匱宜財福 青龍君子吉 玉堂旅僕富 天德合家昌 司命人多吉 明

堂子息修 君勝帝擇善 平日同祿祥

家宅

占新入宅後吉凶　二將月將疊川午宅神々上向貴緣寅申子午相加吉若是安居永不遷魁罡是老要逢禍卯酉卑小忌病纏巳亥富生多損失丑未逢喪必哭泣　一以命前五位為宅神　一以姓音為宅神

婚姻

占婚姻專以干支為主干為天支為地干即夫宮支即婦位要各乘旺相氣上神來生來合互生互合斷主成就將來亦主吉昌　次看男女本命行年相合相生用為類神均主子必貴多福多壽多男子　若干支刑冲破害陰陽俱勝中非良緣亦無可成之理不必向其年命用為類神也

干為男家支女家干上神克支上神女家不肯支上神克干上神男家不願天后為婚姻類神　凡干克后與后克干主不肯嫁支克后與后克支主不肯娶　刑克並為婚姻所忌主不成不吉[illegible]保近見破必為人破見空亡為孤寡見虎見有人阻隔此皆支干上論與天后論

寅卯日得曲直巳午日支上亥子日潤下皆主成且係連枝帶葉親上加親惟恐草難成象中分離之象又寅卯日傳巳至丑則主隔遠求親係微幽 天罡加孟不成加仲猶豫加季不成 亥卯未至四支若連辰合陰三將者主兩家爭親 干上兩課發傳男家急 急字疑悞 支上兩課發傳女家吉 三傳遞生日辰或遞傳旺相值吉將亦成

青龍為夫 天后為婦 六合為媒 占婚三神俱宜出現詳其衰旺 天后雖旺神居極位 丑作貴人子與丑合 占婚第一吉課 天后陰神作太常青龍貴人值祿與天月二德俱為貴格 或作空白陰女極無為殘 龍之陰神作貴人主夫貴 六合是媒 發用為婚姻之始 值吉神良將為媒人得力所

言皆寅若妻用偏才生干則媒人意向男家偏才生支則意向女家 干之
長生之翁非支之長生為岳丈岳母兩处衰旺可知其完缺餘用空亡臨
干臨支亦可類推

陪嫁

用傳生日陪送必豐日克用傳則多粧奩兩家門第
家資不外干支及類神取斷 擇親有幾處一時難決則看各家所居
何方方上所臨何神與天后乗神較生克而分吉凶或俱不克再以各方上神
臨何吉將取使者而決之

容貌

占女之容貌性情視天后衰旺及乗神相有
氣與日辰上下相生必美而賢淑反此則否 乗金而旺白淨光瑩性則果
斷無私休囚陋而醜性硬 木旺清秀俏長聪敏休囚黑而陰毒 水旺肥黑性
性和軟休囚癃瘦淫污 火旺紅赤而美性亦通明 休囚髮少而赤 性躁

婚姻

魚八上旺貌端而肥性沉重休囚而黃而性拙　用神上下相刑凶必有吉將乘
了破後又成命合上傷罡在季日比天后必卻退　干上神來合○凶喜　天吉
中間離○用中一空亡○他日終必絕○　成不成莫相刑與談日辰陰陽中有
神后天后不與日辰相刑凶即成　不備課青龍發傷者是損費、
要婦日吉凶　以月將加婦入門之時看何神將入宅以定吉凶處　宅即姓墓旺
二后來加子卯刑傷中元合太陰并凶殺惡皆為不正不然私約乃成親　天
后入六合六合入天后傾財成貨帛旺相比松椿休廢如花柳夫之命
命加妻命及家年上看神惡如是魁罡有損傷大小吉之多疾病　課
傳神將皆不吉而兩家年上多相生合終算吉　后來神與后之陰神

占女排り

未魁罡主女性黠妒 女命上見魁罡主歪口暴牙斜眼 支上神持斧子丑

論 占女排り視正時臨孟長女臨仲中女臨季少女 一云正（六壬）占者視神后所臨 占女邪正最惡太陰 未卯未亥之神發用主淫且當再醮 戌支上見卯未亥又作太陰同忌 又元武六合天馬六丁神發用 戌在支上皆主淫奔 以未為姦 卯亥為陰才 卯為私門 又丑為寅大太陰之私地 天空臨午風塵 女子天后見六后 女隨淫奔 六合見天后 男誘入房 妻天申加地子上見神后加女年命有私通 大吉傳巳加日辰 家中房妾外奔 辰戌相加 六中同房 女命年見姦神六合不正 卯子上見丑元陰太陰未大卿巳亥作太陰子加日上逢陰后天后未未皆非良婦 寅加子戌 女有二夫 子戌加寅 男有二婦 酉戌不

婚姻

安亥卯未　亥卯未不安己戌又見后合抱席奸妹　亢子作天后祼形誅

若加日上曾嫁過子作后陽不備傷巳亥再嫁三四下克上主三四嫁　干上支向作

六合見青龍天喜主倫相約　龍后乘神自合不作日辰出現傷無六合不媒自合

天后陰神惡四詳乘虛乘克陰神作席主妻病后、陰陽二神並克日本

傷少姑克日干與龍乘神主夫病克六合乘神男女少　寅加戌、加寅龍、戌子

野殺婦克夫　夫婦命年皆在辰戌丑未下爲四絕不吉女命年加夫命年

不宜夫年加婦年則吉　然以加婦命年亥子太冲勝光加、難產勝光多男

神后多女寅申多子婦　用傳見空亡斷絕　費用空亡以來莫斷必寡婦再嫁

非洞無嗣絕嗣孤寡龍戌九現不備八專帷幕皆凶惟三傳三克元胎吉

日上神賊日而辰中有宋與〻〻則害夫辰上神賊辰而日中有宋與〻〻必定傷夫
則害婦假如甲戌日申加甲申金賊甲木而戌中有辛與〻〻必定傷夫
賊辰者亦倣此　解離卦合婚此如夫年立午妻年立子午上酉亥上克下
子上酉巳下克上子又逢克午乃天地解離〻〻卦夫妻不和　婦〻孝順作
逆有辰來神生日辰與日辰上神主夸克則作逆至夫妻和順亦吉
日辰各有吉神良將相生反此乘異守支生干婦道無虧母干生支
坐享驕奢狀有然言　占子息取旺孕課申加巳用上見六合子戌水文上見
又當以克子論　嫁娶日不可賊害如甲子許親用庚辰辛丑娶

出行

以日干為行人，要日干旺相，吉將生合之，馬加臨吉，辰為遠，生日生年命吉，年命克辰亦吉，惟辰克日克年命不宜行。日上神生合用神行必速，日辰被此生合行必緩。墓未日行之人，以辰為家，相惡故也。日辰相加，上下相克不行，日干空亡不行，日辰在天乙前必行，在後不行，三傳逆行謂回馬，不吉。歲空亡，歲在斗後，主不行，自干傳支不行，以支主靜也。自生傳墓速行，自墓傳生緩。墓神関神臨日不行，年命上神并三傳沖破墓関則行，不然須待沖破月日方行。又傳送(申)從魁(酉)太沖(卯)加日辰行，年定行加白虎同，之神生時前行，生時後不行。日辰行，年上旺氣行，休囚死不行，時空不行，急動未能緩了則可亢時加日即

遠出宜リ神后下利求財吉出申開欲令女妻從魁下月將加時向辰リ

元出リ宜陽多陰少何也明主顛（無阻）情爲（有阻）擬　蔣洪方上神克日之則不吉傳中

沖太歲不可リ貴人尤忌宜出用爲の（卓）課式子午可リ　六合（未）加魁罡加卯酉元陰后

入傳命上見丑戌（収）三文課主私通　凶神立用午申子不可リ（三刑）　遁部之日辰上遁中

退賊魁罡ヲ下宜リ避龍徙合处遇貴人月將加月建リ年上見寅申辰戌

忌リ見巳亥不可リ　男以功曹女傳送加太歲リ年上見申忌リ見寅不可リ　天

罡加季リ加仲欲リ日上用上天官入廟不可リ伏吟不可リ返所巳リ又反返而遇子ト

反吟乃返リ俯・キ——視不可リ從革事阻主交不可リ　斬関遇子定リ馬去

日前リ遠之日　後則本季動如春寅卯是也戌當二月見寅○是精神○

又不動課凡三合動遲 指土勾墓向陋加干墓干不可行 三傳見墓馬入墓皆不可伏吟中帶斬關用克干行不留碍 亥為天頭巳為地尻俱乘之遁行 凡行動。占得太乙加日、因急、而動。大吉加日。欲訪朋友。魁罡加日。不得已而行。太歲加日每依急遁自不由自己。生氣天喜月合日祿驛神日馬。入用傳。戌加日上。喜事而行。

卯動亦喜得。至于虎蠱劫殺破碎日鬼日破支破因凶動卯。動得凶。欲凶動見凶神。則應其凶。如弔喪。見蛇虎喪門弔客卯墓並應其用。若見吉將加支不宜若大殺官符破碎並吉併凶併皆當避之 乙巳丙寅丁巳癸亥日千里不宜出行 凡出行要與方上相宜。如方克日凶日克方吉如日上見金宜西行吉南行凶凡木宜東。依此例推 六乙之下最宜出行 經曰六乙之下天眼開万凶皆

出行

解旬首前一辰卯乙也六辛之下大凶 月朔不利南刂月望不利东刂晦不利北刂弦不利西刂出軍同此 出刂要时吉以黄道时为佳以天罡甲庚日加子乙辛日加寅丙壬日加辰丁癸日加午戊巳日加申天罡下为青龙黄道太乙下为明堂黄道傳送從魁登明功曹并为黄道餘为黑道更得龙常贵合成旺相大吉 天地盤語时以傳送臨戌亥辰巳送刂殺人盤語更有天目临年命凶 出刂吉凶此有發用得子孫主逢賢人作伴得父母主風雨臨幽宮鬼有惡人及竊盜兄弟多病刂費妻才主逢良友好尹爭忿 發用凡日辰吉且加卯酉刂方濟又看日干出加何方凡吉位吉將为通神得地又看龙贵德合生氣之下吉 十二天官生日生刂年吉克俱凶 天乙克日克年官司

憤閉蛇尅日年主怪異憂驚從天理推　出行最忌墓神羅網關隔

主阻滯不通　天罡加子為天關加午為地關　子為天時所阻加卯為天隔加酉為地隔

天因關律地理所阻　又天罡加辰謂之控土　主去不遠　直符收戶口舌　卯尤符　申日巳

乙日辰　丙日卯　丁日寅　戊日丑　巳日子

庚日未　辛日申　壬日酉　癸日戌

往亡白帝無忌　遊都主遇盜賊於日辰前

一位主一日禍至二三次　防禦四刻不來　甲己丑　乙庚日子　丙辛日寅　丁壬巳　戊癸日申　對沖為旁都

與敵爭主敵探　空亡失脫　日破文破大煞　天車天坑天猴　舟車破壞　車馬有

刑傷　天車卯三地天坑卯大勾陳　天猴正起申逆行四孟　魁遊加日及行年凶　正月起卯順行十二月　又以日前一位為

遊魁　天獄主連累收戶　春卯夏午秋酉冬子　以上神煞俱以克害日干午前從之傳

送為首　遊神不可刑克太歲　三傳內戰主內外不相阻隔　中傳克初末首尾不相

出行

の二

干為大道
支為小道

涉害發用為火神加水位上江津有阻得土神加木位阻在山林金神加火位上
財散為木神加金位道路兵阻占行人無以出論　涉三刑出行多滯登三
天罡道艱難（不返　凡凶神在內）　伏吟原訳最人見而阻返吟人心不相思而阻凡見正時占
宅房併方不可以遠如以支遊山涉險了
占水陸以日為陸辰為水看上神將吉凶生合年命而決之太沖為舟車
來水利舟來土利車旺相有氣舟車完固休囚則損破來巳房戌加
申為車破舟翻干吉宜小大道支吉宜走小道　占渡看登明加亥有大
風加仲有風加季無風凡神后加太歲不宜渡克太歲更凶死凡丙丁癸
未癸丑為觸水龍凶斷不可渡必傷人涉險遇之切不可亂　日值罡加亥勿

在前辰傷罡加季勿在後時傷罡加季勿在中　太乙乘六合咸池臨日入傳勿渡江河庚辰日勿渡主河死（係河伯死日）　太歲為風波月建為白浪日建為處身歲後一辰為河伯皆忌之

占投宿日為行客辰為旅邸　得此未合則吉日上山神先辰客依不善辰上山神先日主懷不仁辰上先登明天空主謀議客天后六合俱入傷旅中有美色切防留戀　從魁辰上勝先加日先年宜急去之神居於年不可投宅而魁罡要害戒總看文上青龍以決之

占逢次情雨三傳陽多主晴陰多主雨木多風土多陰不祥發用與末傳以辨陰晴先後更有衰旺決之

占失伴看勝先在天乙前後以知其人前後

占人來善惡看神居於孟良人於仲商賈於季女婦惡人　若兇持刀棒

出行

四三

祝日支亥卯子未為賊寅申為吏酉午為逃亡天罡出根支以天將決之　占途
中吃食辰戌子卯臨日辰不可食佐則無妨　占路聞鼓譟聲看聞方上見
六合備逆小吉是鼓樂喧譁見勾爭鬥白虎兵鼓與喪葬朱雀官吏天空孝
孝太常祀神賓會　占途逢天罡加寅左道可通加仲中道可通加季右道可
通求食向大吉下求飲向小吉下求漿向坊井下安歇向寅下　占住客事
因酉為天目卯為天耳卯酉之下可得其情　客中思家辰上有旺相得吉
神將吉為得凶神將白虎喪病朱雀主訟元主盜以意推之

行人

日為行人辰為家宅又為地頭日辰上神彼此生合比和則來刑克破害必不來日克辰可來辰克日不來日加辰上辰加日上乃為日辰相見行人至次日辰相加同會末傳即日至　又干加支不如支加干為彼來就我若末傳又歸我處歸期最速次戌申日。申加戌。末傳申。不同行人遲返。即附會見。又癸巳日巳加癸。末傳又巳。同一課。而行人不來。何則。以戌申。相生。癸巳。相克。再有他克我爾歸。而我克他。他不歸。以他畏我。不敢歸也。　日干去東南酉收即回日干去西北卯收爾回蓋東南是書方。遇酉墓。乃有歸意。西北是夜。遇卯則饒當癸也　又日在東南傳爾在東南即至日在西北傳爾歸西北逢至東明西

晦也 日上兄空亡則人遠 辰上兄空亡須過一旬 辰上兩課發用遠日上兩課
發用近 發用天文神主遠 天干神近 發用加文在上〇上卯日而御〇 則作最緊〇
發用在文前卯來 以用所处為來期 若在文後則人未動 發用在干前
為向日 持至在干後為背 日不至 用兄文母有信至 兄兄中為少盤資兄
妻才欲動 兄子文行人有喜至 兄官鬼有災 將若吉無災 又主有人報
信 用神克干為尅神 行人至 干克用神為伏神 不至 用兄正時與正時歸
日辰上俱遠則 一云兄干下下至〇 兄文下下至〇 一云不出日時旬〇 子用卯
不至〇 三傳與日辰相克害者〇不來〇 和傳生〇是人在彼处〇欲來未來〇中傳
生〇 巳至中途有阻〇 末空〇為則人居下空 主來〇 更與末傳上●克下〇 旺相有策〇

行人立動卯來。末傳加日上日卯至又曰末空不來。用神傳墓來。

行人本命行年加宅上為命入宅卯沖。年命若作干上不來。行年命

入辰上丑課發用。卯、卯加。入日干丑課發用。來遲。年命發傳卯加立未

傳亦加。年命雖日支遇。歸期亦遲。遠則亦遲。三傳逆行。來三傳順行

末來。三傳先步行人實病。末傳遇日與夕回。初空後空來行人年加命

卯至　凡課俱不備。不行。步若有阻。貴人臨到方神。東方加東或以上下　地盤為有

火光卯動行退。茲卯沖。開進去艱難。開退來艱難又難從革人來又言曲

直他住未來。退不歸。逢光隔日至。三合長生日至。次曲直亥日至支上寅日至　中子辰中日至開中將華巳日

斬關天罡下辰至。四土日下至。反吟末傳沖前一日到。一陰冬至後具有神

行人

四五

后下辰。支上見。看勝光下辰為至。日為午為二至神也。則日伏吟重蹤傳
內怖亂首以人從裝 行人不拘方與年者以類占之。類神。入課傳。旺相
和合相生。即至。即以所臨地盤為至期。貴人看天乙支丑看太常乙未太陰子
孫六合朋友與夫婿青龍女人天后奴婢天空奸賊元武表植白虎官吏
天罡軍卒勾陳文書朱雀舟車太冲
太冲三合為期看臨 行人各推其類
又有驚
五鄉為以參求父母為尊長子孫為卑小朋友為兄弟奴僕房妾才官鬼
為夫又為賊卒青龍財寶朱雀文書书六合舟車天后女子戊僕天空
陰亦同欲問行人之歸期必要太陽之臨四登途就道裸不夜行墓當日
特馬無傳足身臨家宅傳及干支不離財用之神為定榮歸之日

白虎初傳亡人立至中傳去途末傳方動空亡元武失約過期末遇青龍轉往他方欲知來人去处末傳便是其鄉蛇傳入傳不病必主淹滯者勾出現無從也須咭咭連珠必須涉泉三合多是親知虎不入傳愆期爽信 白虎乘間下卧卯其所乘地上辰定入门 戌加卯用三傳戌巳子為三傳皆合主人归信至 天官入庙在日辰间发用主在他鄉鄉往定不移 此不拘何將但是入庙天官在日辰发用是也 天乙加卯酉戌临日辰或日辰发用在天乙前皆主归至

白虎遁殺神太岁家宅神家旺路塞阻滞路旺家塞回程延迟白虎旺临日午未太岁或与日辰合或在初傳皆速归 虎加亥子為溺水之凶不通虎加戌空卯酉用即日归 马临墓同 虎加子午马入傳日動龙用

行人

四

行人至。龍合辰來馬在日辰前。戌加日辰名曰傳出煞遠至三合之向值亡

合者即歸。遍地飾回卜。惟行人最難定。此條與諸家不同。專看元武為

（用神所臨之處下神）元武乘神。加辰戌丑未上之季之地。又入傳。必主行人即至。返則取用神合（疑是臨字）

（如期）處為刑期。遠取用神之合神所臨（如用亥。取寅神所臨為刑日。）為刑日。元武乘之季

而不入傳。則以地支加盤。為至日。如元武不乘之季。須三傳與武相遇。亦至。

以用神三合之日為至期。元加之季發用。在支前。末傳又下克地盤。行人立至。

如不加之季。傳見旬陳。主阻滯。忽期見空亡。或有疾病。如武天空克日。逢

中為賊所劫。天罡為馬（未）雖不入傳。當日立至。天罡加日辰上及日辰前遠至

月將入傳。行人立至。驛馬尤的。傳遇為參（申）星。蕪發用。戌加日辰虎（未）主中非

傳送主時前。已卯。時後未刻。勝光乃熒惑無加寅。入主信神。一卯為日門。
酉為月門。子午為陰陽之[illegible]。占行人以日月二門為發限。以陰陽二至為到限。其
法最神。先看行人作何加。主寅卯以上東為二方。以酉為限。子上神為至期。主申
子以下西北二方。加以卯為限。午上神為到期。為占東方。加寅地入。仍主東方舊處
為未動。加主南方為已發。加西方過酉為度限。即看子上兌何神即決其到日。
為未度限。不可便決至期。酉北方假。一說此法用類神為是。其子午上神
與同類干支。又法卯酉為門。上神不與行年相克。天乙逆行以天上行年逆
還地下年止。天乙順以天上行年順還地年止。是為還家年。或過門不過門。最怕
門上神相克。主不歸。又怕本宮上神克。不但此法可驗。 諸說卯酉乃三門一以

不知類神者非全備人也。因用了神
方寡

行人

門人方向論 一以行年論不論方向門年煞以日干論 方向而卯酉為期也只可

又說天上日要返地 下日不克煞歸於甲午日丑將午時占天盤甲在未地盤寅上

見酉是克是日干不得返家也 行年寅依天乙逆數返寅過卯門上見戌有幸

金克寅況不得過門而寅本宅上酉盡克 是門年不得返家也 主不得歸於甲

申日亥將丑時天盤甲在辰地盤寅上見子不克行年辰加午依天乙逆數返

辰卯門上丑不克主歸 但辰上寅有克再詳 即此二說日干門上門年不可以盡斷 卯酉數

用門人已動卯酉三合日至 年命二神并遊戲二神 遊神春丑夏子秋亥冬戌 戲神春巳夏子秋酉冬辰

二馬生合門上神即速 戲則 遊則 加四墓是暮 但 遊神加盡 尚少遲 仲季皆不久

歸 貴人加日至無疑 天罡加季速次無 門人看二馬 馬加卯酉生日速至加

四上遁至加日上至戌信以二馬遁三合卯至併遁神卯至 馬入辰入墓
俱不至驛馬下克上起月在途上克下來裝西歸 東宮龍南坎雀西視
虎北有武如東方人來 龍加巳午在途未東來發 馬乘勾朱天獄官訟
連累馬臨死氣病符白虎喪車二喪病者服乘空亡來信不的乘陰
后途中思家歸切乘龍買賣財帛遊戲二神加仲季速至加旬不至入課
傳生日并二馬俱至 四絕神發用必歸若返吟來絕則回去絕不回來絕
者如庚辰日寅加庚也 去絕者甲辰日申加寅也 墓加干入傳卯至如自墓
傳生旺不至 管鑰神加日辰不動 殺 卯關鎖 天平天目入課傳臨日人至戌
信至 天平春巳順四孟 天目春戌順四孟 天恩天禍天吏天馬朱雀入傳主朝廷公卿事 天吏正起孟逆四仲

行人 四八

天罡 春巳夏辰 秋未冬寅 入課克日主凶宲 占朋約來否 專看斗罡。、加支干。及於仲。必得見。若在日辰前。及加季。貴人已前去不得見。若在日辰後。貴人來遲。恐不來也。又值昴星、伏吟、斗又加孟。在家不出也。支加干看用神。合神為媒合中沖日。人來速。辛巳伏吟。候歸遲。丁巳反吟。人亦至。 問人在外已死不知虛實以正財占看天罡所於決。罡加陽孟。安樂。加陰孟。小疾。陽仲。有病不死陰仲病重。加陽季。病危。陰季已死。 占尋車舟惡。魁罡加孟船泊稍。加仲中央。季尾傷。支干上見逢者。出逢狂風禍莫當。卯辰日上逢風波。罡加卯有阻。卯加辰破傷。尤於旺相鄉壯大。休囚契小。 來朋三千里外看將軍下以將軍於子卯刑朋 千里外看支於何神 五百里看月建下 百

里外看干下五十里看財下此法必度卯酉之限方用未度限不用

行人來久客不知下落占法行人天上行年所加之位爲現在之方以午旺相與方神相生比和又見吉將則在外平安如年休囚又被方神刑克并見凶將非死即病又看臨年臨孟生臨仲病臨季死臨巳亥有歸期臨寅申無歸期又看行年上神與日上神相生者吉相克者凶行年之神若在支上兩課發用或入傳者必來之象如不入傳或入傳與支不和者終不能歸此又看行年地上神爲出門去方天上神爲轉回方初則方有克制必移身在財方下必移處有財作合必不再移行年天上克還地下又刑克大凶 行年建干隨日時遁更以所臨宮分天上地下有干合主有

行人

妻妾相牽或財物相繫不能歸家行年建干支妻居之日之辰上主思妻欲歸若用傳后合在外有女子私事 白虎帶煞克日又是休因死系以人在外凶行年之神不入三傳支上陰陽不備後不能歸三傳克太歲有災 傳見閉神行必留帶三合不動合不合即主動合見刑破必動 昴卯星三傳有一冲歲凶 何日歸期看行年入課處在辰及課卯至干兩課來遲年在寅申說不返在巳亥有歸心季死亡仲病行年為傳用兄旺相大利而歸

占書信消息以日干為占人以用神為行人要日干與用神生合比和則有信而用神克日有信日克用神無信 朱雀為信神 在四課三傳

者有信若乘天馬主有速信若臨空亡則有虛詐信欲知信期以雀所临之位為信期 信神正申二戌（庚辛）三寅四丑五亥六辰七巳八未九巳十未十一申十二戌 亦以其所寄之辰為信神日上神陰神為信神 信神在卯門信卯到在絕地不至 雀加寅主文字信 背吉凶看雀陰神見罡凶龍常吉雀乘丙丁巳午為旺不入傳亦子卯課亦有信 天馬临門宅他人有信來信之吉凶神將上察之

凡人命上見雀来生旺合有好信 月厭入傳為黃衣使者主信來天空為奏書加辰有信 太加卯上出門不達 寅上来方辰用合信卯到 月見句信遲 中木見句滯遲 日報信者以日辰決之 日加辰相克信虛雖相生方真 如丙寅日相生 甲辰日見 閉隔 加日辰信隔別 天雞亦合神 俱主信

行人

五十

亦加本命　看用神墓絕之日事了人歸信到　占行人伴侶初傳爲去

亦是

時人數末傳爲來時伴數　以先天數加減算之　占逃亡以去人臨卯〇加之日之

辰〇　看罡所臨之地爲到日〇時也　罡乘貴〇臨日辰即到〇　罡加季亦到〇　伏吟

無丁馬未遂〇　干上見貴〇始發〇　見前二年路　干前二位　干前二位　前三逃卯　前四傳

門而待　元首則人至　從革重審虎視不備皆不來　則日伏吟至　課傳順至

課傳逆不至　柔日伏吟課傳逆至　順則不至　又曰伏吟逆者來進者不

來反吟逆者來進不來　速茲間傳進者來退者不來　蓋指課

主有擊亂者主動來　遇先則人來　句日未回以去日加支罡下爲至門

逆出以日上神爲歸期　又法以去時加季　則日取罡下辰　季日取時下辰　爲至時

求財

日干所克為財星。龍為財神。兩者要入傳，或臨日辰，得出現。若不出現，或犯空亡，萬不能獲。財神財星俱要旺相，則才豐。休囚財少。遇比肩，財被劫分少。世人但知日克為財，不能明于得失。須看發用是支之財，方是真財。日之財不能為財也。如戊寅日辰發用，為支財，求之可得。甲子日，戊發用為外財。如內見，又主他人得財，自己破財。多與少，大與小，以神將了日辰上神旺相，神將不相克，所見必大，所得必多，反此小少。日為求財人，辰為物。日制辰與反辰得。日被辰與辰上制，千思萬想無尋覓。辰生日，辰上神作文財生日。

占財深切視三財，日辰命上細推排，三皆克上旺相來，定卜凡事

求才

五一

才神吉
旧日生才
不的

有和諧 庚子日反吟亥命人占是 求財要有日擒龍擒的龍來旺氣

中傳內相生神有氣生艮物 財從相逢 日擒尤大约是 日先龍生 才加日財上初末

有氣不犯空亡々 每節乃吉犯了有者無實 辰上神及財神生的不求的

日生辰及生財神的 求未的 日生財為脫 財生財為生 日財為外支財為內日財臨支兩課為外

財入內不求必逢 支財去日兩課出求無的 財遇逢有氣々 假臨有氣了

卿与日辰年命相生及王為財落空中兩旡地財反為灾殃了有禍或在

空亡即財当內尔不能入手 有財旺向日衰者身雖病痠利有日有日旺財

衰者縱身安而財隔 三傳有財易無財難的 初傳財的 中々末々生日的 中傳財的

初々々末生的 末傳財的 上中々々生的 俱的 吉的 三傳俱才的 財及化鬼的 三傳多鬼的々 卯々成

財有或先才、後鬼，先鬼、後才，宜分緩急取之。初傳空敗刑害，末傳吉。才終可求。初財，中末空敗刑害。初允終不如。三傳俱凶，到底無財。三傳中神將重獲，大獲之兆。如巳亥日三傳並有水木，日土克水，財也；又金克木，亦財也。又用克合財財，主掌中把握。初財中傳墓，主利十倍。末傳又不沖克中傳，財可求也。求財要取其克日至三傳。遇虎將劫斷，主厚獲財喜。如丁巳日傳申亥戌，為火墓，反燥其金，名曰鬼墓，財不能聚而損破。辛卯日傳未卯亥為財局，自墓傳生，主先聚後散。戊辰日傳申子辰，似乎財多生鬼，蓋其自旺歸辰，財收本庫，必主豐盈。然必要日干旺相，方能得此庫之財。倘水墓土塞，反被水潰，凡財已歸墓，唯防墓空、墓破，主庫中有失，更詳

天將(書)決與失財之因　財墓加于貫財未出之傷年命有破墓之神

可以空手求財年命有破有刑是自己向前若等破墓辛急難獲又支上

沖墓為鎖為鑰財可出矣更看天將以定財之名色看沖神以看所託之

人　發用不喜兄爻出凡事收畀求難為更克日年者凶喜兄爻才子將并龍

生日與日年大通　三財最忌切日辰年命是也宜生旺比和或日克上神是

財而上神加命上課日才臨命財喜之兆備命上之神不是日財或反克上

神所謀不順凡命宮為才星財神加臨吉命祿日錄○兄課傷○一祿勝千財

也○　日辰命上兄背才吉甲子日庫通　通巳土日為金局亥多生水亦祿背財

年上亦宜財神才星加臨太歲上神○不識人年○人年旺○能○制○青龍○為財則徃行

時由
財法

年所制，方求之大獲。若龍反制日年，欠遇年上見功曹，利五倍；傳送

十倍，旺相益利。用財臨命、幹，財必遇。若已用命上見金是，無用。木若火

日為財，申為時，占者有成。木日戌財，困財，慈禍。以有辛比午未時也土

日水忌見之季，貴遇句武俞金，日木財，未朱問訟，財帛，水日火財忌

加之上，又值凶將，不利營求。　財神所乘天將，各有所主。若財臨貴人，尊

長之財，或干貴財。臨空，焉忌疑恩中得，或虛誑不得。臨雀，文章，閙市中得

或成人賣而得。臨合，交易婚姻之財。臨句，爭鬪田土，豪取債負。臨龍，金銀珠

玉，其之財或遲。當上財天空，僧道婢僕小人之財，或虛詐財。白虎，道路動

搖財，或死亡爭鬪財，或雖得終險。太常，段帛衣服，或借貸之財。元武，盜

求財

五三

賤不收，才有小人。涅陽太陰女人暗昧財。加螣蛇無螣私財。天后求託婦
人財與金銀首飾。螣蛇無正起申 順行四位 十二將○尊貴青龍宜財旺○地旺○神旺○宜
臨日辰○加午命○見在亥為入水非○吉○財○吉○即不入傳○無佳○在子為出水○有財
不足救○○辰未為空陸○墻泥○不通○○未戌為葬身○求財元策○巳午為燒身○妄求
有不利憂○見未日旺○與日○生○有財○見丑日有財○○未謀○○事○見生合日
服有財○未天喜有財○見坐申為受克○空虛○坐無破碎○亦不稼○○見旺財○
謀事傳○皆吉而有成○見旺日干長生○最吉。凡財神將在太歲月將為傳
年隔月旧財○三傳俱與日干比合為眾人財○若帶刑冲破害○主家爭鬥來天
遠 驛馬為遠財○或為州縣財○來太歲前一辰及日見休死○及歲月日破○空亡○無

六虛無無財 六虛無甲子旬中無辰巳 卯空亡財空卯旅空々虛 朱雀旺克因財爭訟兼天空不宜

託人防脫賊 朱虎旺克帶刃無然爭財殺害人 兼武旺克防失脫遺搁

無防盜 倖官財戌為徒明貴財 丙為德正受財 寅為德三德加日辰者

龍入墓爭死人財 罡入傳鬥訟爭財 蛇雀附財文有阻 王傳有氣為新

財無氣為送舊了財 死氣作財死亡財物 動須二吟不備別貴遲速

荒荒失憚射財不稱心 求財以數千金以上以月將為我 六合為人 千金

以下以時為我 龍為人 人我比合相生則須見大小吉可得 他生我此須一半

他克我難得 我克他再求 天罡克六合被人破 他克月將被人破我市

易被人損害 財墓發日主送舊了財田地了價 日○墓○作○財○忽○敗○遲○

求財

五四

反有禍 兄來陵臨于財鄉主密意私謀恐其播揚 凡占甚大
之財不宜兄空末傳宜旺若目下些小財只要得財發用或占時是
財或用財臨命天乙發用皆可得 空手求財及技術干謁○傳內無財卻
有三六旺合○無可許○而姻難定○六以旺、相、財、神、所處為姻得、財、月●以龍所落、
六合神、為得、財、日 如春占○傳內無財○而天上亥所 於寅卯方○以卯酉為巳午月○休無 極准○ 傳見相兼作財必是占
財多旦夕便保得 怕害日生傳 艱難帚祝帚星遲得單財萬失財落
巳亥更甚不備不全也 論得財數○以今日所見處為財位○從位上順數至青
龍於處○有相生幾位○為幾分數○如財在午○龍在戌○為五數○更論衰旺加
減○ 又法以求一六火二七、數 論衰旺如龍生兼倍、死則減半 又看發

法用上下加位以先天數推之 如子午九 丑未八之類 寅加子乃七九也
相乘得六十三 旺相倍之 休囚減半 或竟作十六之本數
出外求財視所往方何如 方去午○ 上得寅○ 以午上戌 得戌○ 是方神克日干
神也不利 不出行三合論 若日午子○ 上見申○之克寅○ 是日午之神克方上神
大利 大端財神財星所向之方去必有利 亦要年克方 不可方克神 年○ 文
上神○克日与日上神○空出求 日上神○克文与克文上神○ 不相和而動
占買物賣物 要類入傳 買者要相生比和 則易買 賣者要相克則易
賣 求索人物与買物同 類神出旬分局神將各從其類推之
占借債討債 亦以日辰從我相生克論 亦要財神才星旺相神將無
求財 廿八

無氣乃彼無財應我 又刑克不但無家還防惡罵為神將吉又相生別有刑
克者忌彼人另有事 日上年上克財是我難開口若是借物需索當以
物之類神代財神而論之 日辰上有比相氣將吉上下相生便為反此難
日上凶辰上吉自不開口 日上吉辰上凶彼有乃不能為 財爻入傳被天將克破
財在空亡及落空散失 若克命因財有失 空亡為用傳末有氣空手求之
否為無貨傳年命上有財方有 財帶煞入墓爭訟田宅乃魁罡作龍無才
博戲求財一人占傳為吉神將勝 二人占以年有吉將者勝 行同年又有
方位人散多者分半位占之

胎產

占胎以胎神為主未孕之先要胎神生氣再遇生氣方許有孕既孕之後要胎神旺相比合方保堅固不損臨產則喜又要胎神逢空脫冲破方易定明此占產之大綱也

凡課干尊支卑占產以支反為母干反為子以支為定辭屬母干寄辭而生故屬子也干上支上各宜相生干上受克傷子支上受克傷母支生干為順干生支為逆三傳生干吉干生三傳不利

初有胎之有無最喜神作日財又為月生氣主有喜有孕為七月甲戌旬壬午日干上午癸用壬胎在午、為壬妊又為七月生氣最吉甲申旬壬辰日亦是干上午癸用午即旬空防孕有損 丑為母腹丑作胎神即胎在腹上主孕甲乙日胎在酉丑加酉丙丁丑加子庚辛日丑加卯壬癸戊己日丑午是也為丑空孕損而占產則即生 支之胎神即臨支上為寅胎在酉酉加寅是謂胎神作支胎神臨日皆主孕胎作妻年命上者更的 元胎有孕即分三節為寅加亥為生胎吉寅加巳為病胎孕時母多病生男女長亦多病加申為衰所生男女身作草蒂家道不振胎作長生利于孕不利于產 凡孕有無並有夫妻年命上值三合六合德合生氣天月德月合或見子息星無上下空亡六害孕氣必鍾為一見空害四絕無氣絕胎主無孕 夫妻本命上神與行年上神相生有子旺

孕有子 德孕有子 旺孕者夫如以年公類三合各立旺相卿歲中必有子以夫年立寅妻年立午為夫婦春占木旺火相犯妻位而氣交感也德孕者夫妻之年立子從卿以夫年立甲寅妻年立巳亥正月甲子日巳時占犯反吟而甲巳之往伏在寅々為閉斷々有子吉昌一推陰課主無孕三傳丑亥酉是也巳孕勿論 六丙日胎神子申月占陽為偏財主妾有孕甲乙日胎神子十月占生氣在子乃妾婢孕也丙丁日胎在正月占生氣在子在婢妾孕以子為婢妾子為小口也 六辛日占癸日未胎神作生氣主妻之妹有孕以未元必有私凡胎神上乘元合后又值無神亂首不備狡泆等課為私媒之胎 尤常空亡寅与未相加為鬼胎以未為鬼宿寅為鬼門又有陰包

空加亥戌的天空收胎主假胎　壬癸日胎午庚辛日胎卯為妻財戊巳

日胎午非財亦非鬼惟甲乙胎酉丙丁日胎子皆日之鬼必要来生氣方

以胎論一乘死氣必是鬼胎向空必假。既孕。必要干支上下相生三傳比

旺帶兇吉神之母平安　母年命上克胎神併乘生氣必是小產兇傳

生日孕之空牢日后生傳遁氣必墜　胎逢空戌受克必損　后陰作

元后乘罡加子孫墜胎　胎乘它虎勾螣帶不穩死符死氣更的　天

后乘罡加女卯午上損胎空亡更凶血支血忌作胎神防損以上供古孕

時戌病戌觸犯胎驚恐斷

占產

巳时为子母之命切忌伤干伤支伤巳支又忌月将伤之财子母俱有伤残
六合子类神也比死气受克子凶死气三月申四月酉六合为太加之则凶克
辰母类神比死气受克母凶 二五八十一月死气属土 辰加亥水受土克 天 死气作月厌加母
年命凶三九月占年命上亦忌宜见申寅也 胎神加病神产凶甲乙日子加
也丙丁日子加申庚辛日卯加亥戊己壬癸日午加寅是干之胎神加临干
之病位虽伤胎之长生却不利产占胎不妨 支干夹定三传或首尾
六合子母不利以气塞于中也子母则午逆出支干外出母而免尤忌横合冲
卯戌辰酉相加之类 伏吟课日辰皆见自刑者产不下大凶 比产天目见
克母凶产时忌庚罡临不可见于课传年命 占逃走难留不西而见三合
胎产

七九

日時主産且在外家生處兒之亡旺氣并傳送皆易生收迷速發遲元

胎子忌母腹主産遲難生亟作月厭加母年命上產速 六月巳十二月亥 胎神

非日或非日本當日即生胎神值空受克亦生 春神非占月克胎神產

速 文干相加互克年是子母相忌〇遲 非文加干〇主速〇文為母〇俯首已見其子也〇

五行逢絕空為絕胎生速 如巳亥相加寅申相加是 天喜乃遲速之春神

詳見孕胎占日當生如甲乙日春神在戌丙丁戊巳日春在丑之類 天喜發用天

速 日中月破之胎沖胎更速 月厭乘天空浴盆亦速 青龍元武發用為

緩 辰上神生日上神順而易 日上神生辰上神逆而難 一日天罡臨於地盤

加孟遲仲將產季速 神在內未將生在外巳生在門 將生魁罡加日辰兄者青

尤速生 主傷遇大煞用加絕地俱主產遲 句入傳難產用兆刑害及句陳

遲世 用逢閉關神必世俱亡 犹恐不下 ○欲定產期當看胎神破胎之

日生刑胎之日 月內生柔之月 子文長生之日 俱可期生 又看用神三合定其

月 以用之沖刑冲定其日 如巳近月一九 二馬入傳 更來生柔 如三日卯生

天乙順日生 逆則夜生 三傳見大煞虎元空須災 立產亡其中

勝光產神也 易以離為中女 為大腹 中女大腹其胎之說乎 故胎產之

視勝光所臨之下為產期 極的 又天乙順以天上勝光順數至本家 卯巳午

天乙逆則逆數至本家 看有幾位 以定產月 如未孕占何月孕用此又看

生時以勝光所臨分三限看何時旺何時相何時死絕 當在此三時生

胎產

五十

辨男女先有日上神與日相較則日上與陽神為比生男陰神為不比生女柔日上與陰神為比生男與陽神為不比生女此法最秘次看毋以年日上午上俱陽生男俱陰生女為陰陽相參又擇其有氣者決之　日上兩課發用為陽向又上克下為男支上兩課發用為陰向又下克上為女　子丑相加不拘上下克皆男以其所以生于此也又康節有看子訣於玄武卯臨亥三傳俱陰俱陽亦分男女然陰易不宜過偏取三傳俱陽又於陰地反生男陰極陽生也陽微陰　又曰奇與耦皆在斗、罡所臨與日比陽為男比陰是女不比者此罡所臨位與日干比為比陽與支比為比陰如甲子日罡臨寅卯比陽臨亥子比陰臨申酉不比損子臨四土不比恐損母臨巳午妹不比卯生男以木生火也 干有氣生男支有氣生女 一二課發用在天乙前是男 三四課發用在天乙後是女 尤常發用男后陰用是女 昴星課虎視是女冬蛇是男 從女仰視而男俯視也 ○ 占雙生支干重出并月建月將必主雙生 凡天后青命上凡后雙生 勝先太乙作龍臨中亦雙生 白虎重見雙生 更為子交者更的 占巳月卯中臨申為重虎重子 及丁申月日時生二男 貴臨子午卯酉加巳亥亦雙生 在用為○ 更的○ 三傳逆連茲貴人逆行主側生 產日陽月看日干旺處 陰月看日支生處 ○ 占子禍將往往天胎產夾孩 傳生日能興門戶 日生傳必取債于人主敗家 日辰相生中末相生主得來昌盛 三傳與日辰相刑害絕六親 與日辰相刑

胎產

或少年傷父母或自己猪疾日辰用傳疊見刑虎主天無情 用神
得貴人貴顯得龍常為貴孝友義六合平安太陰保家得太陽保
命主壽朱勾遇爭鬥訟獄元為盜蛇多驚恐天空妖詐白虎主天
命印長成尔無禮非類天后好色〻〻 用屬陽貌肖父用陰貌
肖母旺相美好囚休醜陋 魁罡加子命與日者性燥功曹傷亡孝
順 太歲在日辰或歲上神與日上神相生聰明壽高 日辰上得
傳遇青龍旺相多才藝占男看日上占女看支上
課命法占男好以長辰次以次寅末以三丑加本命生月上神占女好以
戌次以申末以未加本命視其生月上神 三傳視之若多不吉主

然前吉後凶中吉前後凶為婦人用否泰之象又見寅主富貴

有祿者有獄否矣死

又法生子之際孟月以功曹加月建上仲月以神后加月建上季月

以天罡加月建上視天上丙壬下為月虛地宜安產婦如雷公招搖

咸池豐隆天猴皆避之　雷公正起巳逆 四立　招搖十二 正起寅順行 咸池正起卯順

月十二 豐隆 月將加時神后下是　天猴十二 正起申順行逆

一法以申加亥以午天罡下為天權懸尸天罡下為地棒宜避 座

又稱婦人產產損子以天罡加月建以死炁課于神后下從未生子必

不損也　占產天罡所加時便得子此所分明未生將為生日期　天罡推

胎產

六二

最決不移 凡月厭與支合亦逢天后乘沐浴并浴盆與月厭是產候也

附產方將產以絳宮時利天罡下 明堂時利勝光下 玉堂時利功曹下

乙丑年九月己丑日午時辛卯兄占子婦生產日期是男是女 午命廿歲

比 賊 子 才 胎
壬才 句 辰 比
丙子 陰 戌 比

壬 句 辰 巳
巳 蛇 丑 辰
丙 陰 戌 丑
丁 常 未 戌

龍 巳 午 天 白 未 申 帝 甲
天白 辰 子 元 乙 生 丑
貴 申 戌 陰 丙 十月白六血支
寅 丑 虎 子 亥 后 丁
巳 巳 戌 乙

昴星課三傳共兄十五、多必遇午辰戌遥出因為午時所沖
胎神發傳陰兄未丑血支居供兄于未傳産于午寅日生或子賊日
時生產而速三傳滿干上又比劫弄孫之喜

六壬類聞下卷

目錄

禽畜

怪異

雜占

歲中吉凶　貴賤　商望　占事成敗　求物得失

心有憂事　動靜　弟子從師　人謀害己　占人呼名可去否

途中見人善惡　占人叩門　來舟善惡　投宿人善惡　逆旅飲食善惡

人來寄物　占到人家　占探察事　聞憂喜事　占人言語虛實　人死虛實

被人使去　呼人來否　占人相會　進退人口　求吃食　求借井有泉

占火災　土災　木災　刀刃災　漁獵可得　占博奕勝負　問倉吏　鵲鴉

鼠耗　人來投我善惡　人心驚動

大六壬類闡卷下

商賈

占買賣以干為人支為貨物必要用傳中有貨物類神出現與日辰相生買即易得賣亦易售若無類神買賣皆難得 二馬幣財最為商賈所喜商賈乃求財一端凡財神財星課傳吉凶俱照求財門看 歌曰三傳與日相生旺買賣中多稱心又有吉神併吉將利收十倍此謀成 二耗命逢多不利魯都幣煞莫私行文逢無氣及相克買（州）財多。賣不成。財多知貴價多 買物看類神三傳出類物必貴知克類必賤知更在旺（相）方價必高。在休囚方知雖好物亦賤知更看吉將臨者價貴知 凶將臨

者吉　賣物必要支干相生吉日克辰干克支傷脫速少利辰克日支旺

干傷有利脫遲　物類　子魚鹽　丑牛田宅甜物　寅草木馬騾桌椅欖席　卯林木竹箭船車驢狐

克合物　辰魚網故上磚九五谷　巳爐火窯石　午絲綿衣箱大小獐金豆鹿馬　未酒食器皿羊雁

帛

申金銀珠玉大麥刀劍園池　酉寶器采石小麥錢鷄妾　戌印綬畫物小兒墳犬　亥筐籠香奩鹽豬豆　太常錢帛

衣服多物絹布　青龍多財　天空懸年奴僕　太陰婦　皮車妾　白虎刀器凶器皮革　物類各

得本命行年三傳俱時利可增倍。如絹帛屬太常，巳未三傳得亥卯未木局。

是本局，春占得之為得時也。鹽屬水，三傳申子辰之類。物類各得旺相宜賣

販。若休囚不宜。物在日辰，行年太歲上不相克，用傳有旺相氣，與吉將併

利。及此物不得令，亦無利。

占買賣貨物以月將加行年，視日辰上所見之

貴賤

神后大吉功曹為地。從魁河魁傳而起。太乙勝光遇方地。小吉傳送不能得。登明神后女人得地難 天罡太沖男子得難 占買賣未知價貴賤視物之類言午視大吉。此有氣者必貴。無氣必賤。以微賤也。凡類神西上尅下者悔有利。句用文上兄鬼貨遲少利。文有氣無刑害物貴。反此不貴。文必不備物少。類神合論 日不備買不得。三傳生物類主貴。尅刑賊 蛇附財旺相者因賤貨得財。休囚相尅因財貴而受辱。凡買田地不可

田地

兄月建前後第三辰。兄之不利。買一切有形動物件不宜兄文前後第三辰兄之終久破損 前後第三辰 以其刑破也 日辰不宜相賊。日辰尅神中異珍難得者不得。蛇虎陰罡於日辰上用易得之物亦不可知。今日所尅之財。

商賈、

占利息以才爻為用

即所販之物，可與物類同看，其衰旺如何。利息專看午上，兄弟會五倍，倍以十倍，旺相更多，休囚則減。絳宮時戌為德，明堂時酉為德，玉堂時寅為德，三德加日辰有利。辰生日，日生辰有利。日生辰無利。辰克日於本刑害尤甚。日辰俱吉有利，俱傷無利。支物吉而干人傷亦有利，干人吉而支傷，俱利亦遲。正時亦不宜受傷，則不吉。正時不宜加日辰來克。甲寅日申時占，申加寅，此日為賊入家，必害主人，是日不可納財納物與出財，並忌所以出納財物。亦要日辰神將比和，令日上神下賊日辰，主必後有咎，不利主人。

戒買人物以日為買主，辰為賣主，日克辰為買必值。日上神生辰上神，買得亦貴；辰上神生日上神，肯賣；刑克不肯賣。日上刑害克賊辰上，我不肯賣，買空亡亦然。和傳生辰中末傳克辰為商議好了又不肯賣。和克辰中末生辰起，初不肯賣，後却肯賣。初生日中末克日為我，商議了不肯買。和克日中末生日可例。以賣物

貨以日為賣主，辰為買主，生克成否，俱照前斷。但物類買則欲其生我，賣則欲其克我。課傳上見空脫刑害墓絕，其物易脫。若生旺反主遲滯，中不入傳課更。價了貴者不可不知。凡兄多其物（買物）必貴，賣物其物必賤，又不見利。如有刑破不能久留。

進神係亡

進退往來用神德主多利。旺相每然用如兄食價高，用如見木中平，水上主賤，大旺貴，死休囚無賤。

春占從革（進神）主賤，曲直炎上主貴，以財以休囚旺利言。三

虎兄從革為進神主物賤，故財曲直旺

商賈

天上相救貴

元與八合本求利。四課陰陽中取六合相生比和旺相則吉。相克及空

落陷財耗。欲知其心意公私，以中文神將推之。元給人物即看物

類旺相若物被身克，物不利；身被物傷亦消亡。買賣方向總以青

龍所居更來旺相，與日支相（年命）生為主。益于年克方，不可方克年方上凶神

凶必有失。更以天將言之。

陰上貴山之課，陰陽中看六合有氣，不落空，加倍有利。六合併駟馬青龍

又與日辰相生比和，其物利處可貴，利益亦多。無凶之神乎。與上同

傳見元龍主，路上失財脫言論，遇賊探捕，又以元武空亡敢知論

脫空亡克日走人失物守分免凶元武值才才不歸而不實財傷年命

陽爭叔亡下克值盜用起日兄傳中切忌空亡破財

詞訟

占訟官鬼為听斷之主勾陳為切緊類神以其為判斷之衡也凡始入詞視雀已成訟視勾陳以生克定勝負勾陳生日詞得勝理克日理难伸雪至入鬪毆場責白虎田宅責太常財帛錢債責青龍盗賊責元武首罪責太陰登衮狂論　日將照則公道開明陰翳重則事情暗昧天網原凶罪在不赦知难而退轉禍為祥　元鬼教唆陰鬼吏幫（元作鬼為挑事人 太陰為書吏作幫）　勾陳在日為憂患若更傷身罪不輕用神是合終和解倘若逢生理自明　九醜並醜事破碎丕敢遊子丁多動无康有横災辰戌兩空為獄禁克日命罪

詞訟　之

日為詞主　辰為對頭　其

還係所神反制　仍無事　發用係傷與日辰

勝負看彼此生克　相比兩平　日刑傷則我損　支刑傷則彼損　兩傷兩

損　如日辰同位　日上神是我　則以建干為他人　如建干再同　則以建

干為我　時遁干為他人　如再同　以時遁干為我　將為他人　如將又同　主

終究和不成訟　凡日生辰日為我、去求他　辰生日辰為他、來求我

日內貴人生剋官吏我　辰內貴生剋官吏他　日克貴、官雖不喜　我卻

勝　辰克貴、官彼勝　日克朱句　我勝　辰克彼勝　朱句克日官吏折我

克支折彼　朱句向生日　護我　朱句生支護他　日上兄兄我受責　支上兄兄他受

也

責　日上兄官、只向我　辰上兄官、只向他　日上克兄弟　我有強證　及干

連八辰上兄凡亦例亦同兄子孫青兄文書文卷照証兄財要使錢只在

日辰上分彼我看日上空亡我不顧訟辰上空亡他不顧訟日辰俱空兩家

解散日辰上相生比和三六合兩家和日上墓我事不得明或入獄辰上墓

亦然經曰占訟有四般論尊卑主客干為尊長為客先發支對言為例

若干支相加課之支併支爭不定干生支為上生下如甲午日寅加午去

徒生午庚辰日辰加申來蝕我乃上不爭卑貪生無厭得吉將多主

和不和亦無甚刑責但上既生下不宜尊長及先發而卑幼為被訴受日

上之生卯吉此例互蝕互敗尤凶惟戊申日雖徒生猶受生不可言脫支

生干為下生上如甲子乙亥日皆利尊長及先訟六人上受下生亦不顧訟主

詞訟

和惟庚辰日三傳潤下癸中刃峯中破盜氣為害甲子日三傳辰午申
中傳盜氣末傳鬼殘乃避難逃亡式也干克支如甲辰甲戌日皆利
尊長占發若支加干受克是幼犯上取怨干加支克支是尊欺幼支克
干如甲申乙酉日干支同類更無刑傷多主和此法非干支相加不以此斷
尊卑主客之說亦不可拘泥以干為占人支為對頭更須必論先發後發
以課用上克下利原告下克上利被告負說尤的　又曰發用為初官克
日利後克辰利先甚的用傳生日不論曲直事作皆輕理直更不費
力用不值凶將克日支可年訟凶三傳有空亡訟解初中空前解後
結末空即解　傳中要兄官不要兄鬼官旺打事可達了休囚死

事难了夜带凶将官不肯作寇戎鬼再带凶将對頭不肯休息為無
對頭、印有暗害為午命日三者有制官鬼并其凶印散若官鬼再生之
其对頭必不肯休為癸日三傳辰丑戌初蛇中句末虎俱作鬼以虎戌
冲辰、年戌又冲、、蛇止作虛驚印散為丙辰一戌〇便不能冲墓反
為其所墓凶鬼凶入难揀手冲不冲入反為殃正謂此也日鬼作辰丙
課從主併称傳逢丑鬼者便丙空或旧事曾侵官丑 句加戌月川
年上事难了加日辰易了亢句而無杀不論入傳皆易了為未
為句加寅卯為無杀 涉害課正財用干支入墓傳生青凶不出日
下傳凡天獄称謂解必凶兩旺干支則傳卒未亦未逢因墓皆遭邪

詞訟

七

死氣傳終必害身被克破者有殺 三傳俱是子孫盜氣有殺尔防
失托八不得力事多反復若兄一重子孫散用爲救神一爲解散傳無父
母主事不明或訟不成父母併雀未太歲月建主上帝眷對症傳入兄中
主辛連虛詐花費用兄墓生我吉克我凶用傳皆鬼坐財御定取索賄
賂有費、訟神最忌魅罡巳亥、支干年上相逢主凶災因繫何也直辰巳爲湯
絕、戌亥爲陰絕乃事了極也四墓尔主凶險但辰戌与丑未不同丑未柔
而遲滯辰戌剛而急速斗繫日本最凶罪及父母 巳未酉上乃配字形
防配、戌巳未亥上防壞頭面巳爲面也辛甲日占最驗以二字乃懸針作也
庚日子加戌酉逢羊亦庚子皆歪、戌爲足子爲刀斧防刖足、庚日酉加卯、

為刀在手防斷手足卯干也二例占盜有賊害人占防傷手足 丁亥丁
酉二日支加干丁 一三五加 為啄目怨 主貴人轉眼吹目來相刑害 太歲在傳
作鬼凶 或官長炒歹凡我 克害太歲禍更難解 太歲生我 值貴吉我生

太歲

太歲小事反成大凶 亢直符日不可訟理 凶月厭怨 貴人乘鬼加干凶 加干生
我主貴有貴人加辰戌入地主官嗔怒或受賄 貴空官言語不信不肯
着力 貴人失克刑害有杖責 貴加支克日益彼橫 日貴主夜 夜貴在
日主斷凶 棚逢夜貴在晝先晴後明 獄可 貴加卯酉閑格 入地除訟
理反嗔怒 日傷貴人自己觸上取辱 貴加日受克 傷又害 貴小成大 貴
逆加卯酉必怒 日貴在日有理 夕得理 無理 夕的不可逃 朱雀 相生事渝

訶治

八

理　為末成訟只雀亦閉口主不成訟　句臨辰卯克日為用大凶雀更制
空亡事且停白虎丑上多謀失　天后天門閉鄧通饑死亦防負失雀句
空訴不成雀句克日克年不勝　雀雖生日而帶刑害主公吏要阻難伸雀
為作閉口枉屈難伸虎閉口訴不得必定遭刑六合乃枷鎖青龍為棒
杖加刑克之地帶凶煞主凶生旺主鞭杖　太常臨辰戌亦為枷鎖六合木囚
刑獄　發用克日克年亦不宜　句為訟之主最怕作鬼克日克年徒
用帶凶煞尤的甚　句陳要看陰神　陰神化吉化凶要緊　陰人得白虎
與句陳俱有氣克賊繫日罪至死句凶陰神得天乙並吉將生繫日者
可以救得句帶木虎落水有杖責文書貴人沖日更的青龍付帶生

生旺終不易止格乘馬事關天下格與太歲月建併或生日皆主恩天空為獄加日辰本命為用主囚且乘人詞多虛詐虎乘丑併山煞大凶太陰發用又難明白左日狀可處夜樞胥 天后為用旺相生日主恩赦及救解又主關節如貴人坐亥天后入傳訟事受關節相利營幹元武六合入傳〇多主不正〇或官司不明〇在卯酉〇門戶不正〇在巳亥〇反覆不正〇子午起事事初不正丑未事夾新舊不正或干親戚又寅申必通不正或為交寅弄辰戌則爭爭鬪不正 課得三合不可便言和合合中帶殺外面好內防欺詐如寅午戌以午字為主而午中有刑傷破害及自刑之類宜詳推之搓單課定主反覆變更子如辰六合方主不動交上課有首無尾關下課又緩不

詞訟

九

忌曲直不伸理屈難逆子帶刑流配遠方重審再告再視伏吟害不行

且牽連八反吟涉害多反覆早定夕移更忌涉害寅主山險昴星意外

弔變連茹纏綿之分 有迍邅閉口因禁山八專雖日辰共位卻有喜忌不同亦

已未日巳為我木為他巳畏卯木六合喜甲木青龍未則反是亦喜官畏鬼

子意伏微四三陽課刀加頂而爭登三光因出訟得三奇課千殃立解六

儀罪逢赦宥日從入傳爭刑害貴順生日命必奇儀罪輕日徒為刑亦輕

秋忌昴星冬忌掩目蒿矢彈射禍不淺不備不終兩遇子帶刑必徒流

初入詞以雀為狀虎為遞狀人多宜旺相生我克他則吉雀旺來生狀詞好

告必准我生雀與貴人須[illegible]婉靜端詞始准雀發狀不合

戌日上見空亡破害狀被抽練撿貴人生雀生吾斷須將狀再行否則不行

即行你斷須不將生他克我則准他狀不准我詞，年三傳克貴人忌觸犯

血見來克防刑責　占彼此告否亦看雀貴生克初傳見虎我訟人未

見用人訟我中見用互訟要看有無官用，年三傳不見雀用勾刑官鬼

官鬼動罡為吉　年上不克貴雀投狀初天空、亡不投日天將伤財被嗔

占訟因何事　以日辰三傳克我天將決了　太乙因公事蛇因借貸、逼孫人事

雀因口舌文書合因婚姻文易勾因爭鬥、或田土事龍為財債務天空因

拐騙詐欺虎因死亡人命爭殺用雀加喪門卯墓上必因葬埋爭毆

有死氣死神詞內必關死人名目虎雀加丑故田事有生氣牛羊老僧

詞訟

十

事常因衣食布帛或因盜失、僕因奴婢陰私、或孝服、后因婦女相爭或爲情事大凡以所乘神言之 占官以酉以貴人旺相之生者吉亦值魁罡官鬼白凶將爲次、公明若入獄傳凡夫后主受賄功曹爲吏生我吉克我凶勝負不外生克之課三傳與克我之神反制生我救我則大不利又曰身旺鬼衰無理虛成有理身衰鬼旺理明反主刑責 占訟何日決看初傳與日旺怕旺則決向何日結絕之課三傳刑戰未已日傳入生旺之鄉未可言絕必末傳克用克鬼其尸多已以日鬼墓絕之下爲期或三傳退日辰之後目下既絕 又曰鬼有絕向後生之事必重發用神官亡尸可暫息但官鬼潛克日年不久又來追呼 占何衙門 太歲在干發用爲朝廷任

支發用為省部，天獄發用為棘寺，以關閉所加取之。月建支日發用外郡監

司，以日體巡行也。在辰發用為守令，辰不動之象也。月建所傳為丞倅，

或有二三四所者，以東西南北分之。又日干用為宰，所傳者用為丞簿，或

以龍為丞，雀為簿，虎句為尉。傳中之有太歲，事涉朝廷，值遇戌破，監

司臺部；月建則州县也。登三天須有遂部，有空則解。又曰歲有馬

涉朝廷，無馬者臺部；月建有馬為監司，無馬州司；日辰不出本縣界。

三傳之年有馬者，必陞上司。又曰傳見天罡監司，月建為用州司，數說皆可

合觀。又辰為正官，戌為偏官，其餘正官正印、偏官偏印亦可類推。

占官司易移，事作久近何也？曰：巳作雀，主改換；貴人於卯酉之位，主移

詞訟

十一

臨木丁亦移動旬丁入傳主更換隔远衙门用傳兄太歲事必經年中木日辰或又見月建謫移遠獄遠將緩爲速或速甚見旧年太歲或來年太歲者必係兩三年拖有月建旺氣歲月亦可了也若年太歲必須盡一年方了申為門為傳遞神亦為上司文案日与旬同類亦主衙帶

占罪輕重 此何曰發用兄門雀尅日辰年命者其罪重歲月刑日辰年命者有罪旬化門罪重課傳帶刑煞多者罪重其刑害尅少者罪輕三傳歲月可處刑尅日辰年命凌遲四重刑尅罪重三重軍罪兩重徒罪一重笞罪而已或三傳上神俱尅而所加地盤爲陰俱化為吉或三傳互相尅皆可解救不至受重刑

又曰日刑則罰月刑則杖

住虎

貴刑因三刑多有者必斉市大凡刑入傷加年命或死亡康破碎月
厭丹光無神主支刑凡重刑投有勾陳帶羊刃大殺金神劫殺血支血忌血 貴
光甘神未刑光方主死金主斬又金神劫殺也 非五行 木主絞係繩索絲麻
殺也 非五行之木 巳亥為繩索帶勾光日為用占干年高吊在支年依縛亥卯木
為長枷杻 傳雖光干年命而無刑殺有罪亦輕年命空亡刑殺併太歲年
命課傳無光等刑或有天喜無刑貴貴人加未曰執拘殺事雖明日旺勾
而發不入脫災論杖責數目勾陳上下盤并遁干之數加減 占虎有
杖徵尚勾而刑光破中能將太歲生日天乙慎則免死作徒 太歲天乙
皇書往來相生道路通達更有高光勾虎逃避而以避刑勾虎不

詞訟

十二

不克日又以龍常合救之雖傷凶鬼克辰身不起卯起不凶解神作貴生日饒免　丁神本凶動若作解神每化為吉　降后生氣天喜並有救句陳上見天乙生初繫日辰有長生救　不生初繫日即看上一日上神上見干神居子救之天乙臨寅卯貴人扶救　日辰旺相句陳無氣無殺宜上吉剋辨子孫為救神　課傳宜見

占恩赦　元天乙乘太歲月建不論入傳否皆有恩赦　戌在二八門亦赦　龍后生日有赦　龍后併歲月建有赦加日辰門戶立刑　天乙太歲皇書用傳見皇書天喜並有赦用見天后生日辰赦　天馹馬天月德加日辰上下皆有赦宥之象　天后臨門加日辰三傳雖臨刑必赦

占繫獄出獄　如何曰関神天獄天牢天空入出獄

门節

用傳戌加日辰年命主入禁見関管之神主因一見鑰神則放 句并用

克日辰主禁勾陈日辰同類久繫自生傳至墓者防繫自墓傳至生

者与有冲破者放 罡加日酉入命上見月将恩赦見禍神解神馬神等

日下即釋 傳乃其獄必有罪〇若傳用木〇終小吉是〇傳出其獄罪不論

傳以用木傳終寅是〇 先閉後鑰〇則出〇先鑰後閉〇雖出復入〇末逢囚

墓〇主禁〇天空破碎丢日昴星天獄罗網金木旺相、加皆主禁罡雖加

日主動 凡末禁者兇〻防禁已禁者可出 斗加日辰〻年戌与日比必出

若傳出入獄与伏吟不出 斬関反吟可出 罡加孟未放 加仲旬日可放 加季

即放出 放逢恩赦〇解救為的〇 占對節為何 以日為我辰為鈐事人

詞訟

十三

日辰相生方諧先不諧又有貴人生合比和或三六合見貴喜悅或貴來夾克並墓官貴脫空皆不諧又日辰上見元空防人瞞騙

占

拘人 附訊 鞫否

捕拘人出否到鞫否曰先辰句朱先辰追內出反辰克句拒捕辰克日或相生皆追不出句雀生辰捕人受殉日上見句朱乘空亡捕人不得力辰上見空墓尋不着費捐伏吟不倚貴逆行不出

審案

刑獄舉事黄帝曰為官審向情悲屈人欲知虛實視今日所制之神向元官要坐在青龙地曹下犯人要置放于句罡虎下令元武所居無氣○向畏今日及青龙所居之神○其因苟自出輸情吐實不敢欺瞞假令正月甲辰日寅時占欲向罪供以今日甲木本制

辰上神之丑土功曹在巳勝光爲青龍加之其向官宜居巳地及酉地天罡加未太乙爲勾加申傳送爲邪加亥以因居亥地及未申地而天魁爲元武無氣又是之日甲木正月木旺時時書向因不敢虛言汝今日之辰上得天空其因恐通盾供你不寬 通神集合人居及部吏欲以推謫向事無令天乙吉神吉將旺相之氣臨今日之辰吉神即功曹傳送勝光大小吉神居也吉將即貴合龍常陰居也皆不可使臨今日之辰與辰之陰神及辰與陰神上之神你不可克向官年命上神必還害身也 假如辛巳日占官年立未太沖臨之今日之辰是巳大吉加巳從魁加丑爲辰陰上神巳上見龍此是吉神

詞訟

十四

將旺旺相旺今日之辰与辰之陰神上辰賊年上神得拱卧反克太
沖也殃遣汝嗣宜防之
正月甲辰日寅時

亥甲
申
丑辰
戌

勾巳午九未天申白
六辰　酉朱
朱卯　戌元
蛇寅丑貴子后亥陰

午辛
寅午
丑巳
酉丑

辰巳午未
卯　　申
寅　　酉
丑子亥戌

所訟斷法年為官月為吏日干為問者支為對頭支連下神為對
橋女上之干連下神為間橋上之年帶大煞白虎一切凶神沖并克害

干則問者不得理年常一切吉神生合干則得理冲干橋上人則上人受害吉神生合則橋上人官聽文亦同　初傳為起看神將何來斷事何起水木尤因姻事而起成仇形常土乃坎林尹常門店小人女子事干連又看與官合克二傳乃致事三傳乃變傳一也推　三傳生旺卒未休死絕方知同不結局加亥上名曰絕信絕旧多因由　三傳死氣囚禁久

前言生旺指句而言此言無氣指日干言

占訟害我之人看克我之極上下陽多男陰多女日鬼有氣旺有勢的人無氣必老必暮必疲使之人也或鬼上下相乘克戕或建干克戕其人不完全鬼生刑害墓絕自不能為我引他人來害

詞訟

十五

疾病

占病最忌鬼尅鬼克即欲病也病死則入墓而本為病神三者占病之大綱也生死主（敲）本命數尤重在行年、、有氣斷病不死敗本為鬼墓專在年命上二處推究以定吉凶至究病之根源及辨病形狀求醫方向吉凶期限雖不離干支三傳而年命鬼本最為緊切

問病者何害死生先看白虎與鬼並者鬼乘白虎同本尅日尅年命斷凶次看六煞入墓者死一身入墓者大命用神是也一魂魄入墓者本行年乘本臨未是也一鬼行入墓　壬鬼臨丑是也一帶煞入墓者正月大煞在戌用寅午日作命年鬼本皆是干入墓　壬癸臨辰

是一支入墓，如亥子臨辰又墓加于支上亦是 又次凶煞元辰本命煞并
虎加行年者凶 即毛頭煞陽男陰女本命对宮前一位是 陰男陽女本命对中後一位是 金神三
煞加行年凶，以天罡加本命行年見三煞不可治 三煞孟年子仲年巳季年丑是也 魁罡
月煞加行年者凶，以大吉加病日干行年上見魁罡是也 月煞正月丑逆行四季 柩柳
卯 鍬鋤 魁罡 墓田丑 加行年凶 凡但病日辰与占时可決生死 破日但病
月厭日但病俱不吉，又有厭破与行年克害更凶 浴盆日但病凶 虎克但病
日凶 虎來之神尤可治 虎來神与占时相生亦不死 干為人 干有氣人健
病輕 支為病 支有氣病重 吐瀉 支若為鬼來加干是病克人凶 人克病
吉 干上神爲緊要其克鬼克命吉 最怕支傳來剋日干之氣 却

要分別淺深。如甲午日午加甲。傳寅午戌。庚子日子加庚。傳申子辰。壬寅日卯加亥。傳亥卯未。皆合局食氣。無不死者。丁丑日。丑加丁。中末是未丑同未食丁。虛危二甚。巳酉日。酉加巳。主男敗精。女敗血。或久傷。癸卯日。卯加癸。巳加卯。以屬虛庭。三傳未酉亥。水生木木生火火生土土生金。力流消其源。拔斷其根。病不間。病輕重。必死。惟丙辰日。辰加丙。或戌加丙。亦是盜氣。三傳坤寅丑。寅為丙長生。又寅克支。卯亦克支。其病不痊。今日干臨在死絕之地主凶。干與本命相克凶。如亥命丙日。亥加丙上。皆克（受）剋。與十有九危。日干空亡人不久。支干作庫憂。今日日之長生是為日之本。最不可受克。或重土重氣之類來克。或仰伏重庫來克俱凶。 又日干上

痾病

不值兇馬詐遁魂絕凶 三傳自旺傳入休囚墓死者凶反此則吉自日
傳日帰至夜者危自夜傳至日者吉自墓傳生雖日上兇墓亦不妨初
生末墓雖無凶神亦多危三傳生日病即好 三傳上下土中木上中土下
木皆埋葬之象凶三傳不要全無氣如春酉申丑戌亥酉戌丑申之類
皆犯死氣凶

鬼一也要分休旺言之鬼臨生旺地他、自己受生反、不爲咎若是死囚休絕
方爲真鬼既有全局皆鬼漸傳、生旺者病、易脫若鬼傳入墓則隨鬼
而亡矣鬼坐墓最凶如臨地陷穽雖以迴避鬼臨克地受制鬼藏空
年、命、旋、貝救不、凶、課、傳、無鬼凶反 三傳皆鬼但主貝病類狂未必死蓋鬼

多必變為禍。有曰貴多不貴，鬼多無鬼，用之屢驗。　三傳皆作日財

反主沉吟日久，何也？財為至重之物，多則擾亂不起，且生鬼（財多），認之臨鬼

病久不愈。子孫為克鬼之神，課傳中亦不可叠逢。叠逢子孫受我生太多

必耗洩元氣，元氣虧，一逢凶將，更病更凶。　父母生我者，不宜與鬼同。

占出久病，不宜緣逢生旺，縱作康健，後必有反覆，曰少伯休囚老伯

生旺，生者執一而論。　耗氣多文（即子）主氣血虛。水土多則水不流，又主氣血

凝滯，當以意推。行年干支上乘白虎再吉。　印宜墓中藏德，不宜德

中藏煞。如甲申日遣為德，緣旬遁庚寅（德中煞）反來克甲，此德反為鬼，克甲也。

甲子日申丞為官鬼，乃旬中壬申（煞中德）主丞反生干，不得為鬼矣。　墓神要

疾病

志

分四時衰旺不可混以為凶如旺相之墓雖凶未必為凶惟死囚休墓乃真墓也墓喜沖破怕夾怕合如日見墓更加入廟天將夾墓名之曰抱石投江須之傳下年有破墓方好如六癸日辰加癸見日傳辰戌未戌即沖辰破墓也倘有神與墓合（如子墩午命上見子是）其死無疑如辰是墓（有女人作祟）兄丑為合曰名閉墓如必要沖破墓雖危不死四干墓神課傳多見凶多亦必反吉細詳衰旺觀衰日時俱入墓然有解無凶　白虎不向入傳與否皆當責了虎下陽神見日見年向虎下陰神又去生虎比虎病即死凡陰而見陽而自相戰持反不死虎與日及年作加病愈向進　發用見而病即退　天乙見而吉虎來日往吉虎加午為燒身居

申子為自伏不為凶虎来太歲死氣月厭喪吊諸無大凶虎加歲一年死之内死加月建一月之内死加二十四節看加何節氣主一節内死加本年太歲狭到本年死 一說男怕白虎陰陽二神女怕虎并后陰陽二神小兒怕螣蛇陰陽二神凡老人病及久病傳中見青龍六合者必死句陳陰神作虎克日死青龍乘虎陰神克日死龍乘申子克日凶未見龍多复虎天空入傳克干凶 凡虎入傳不可斷死惟忌入四課克日克年命如在一二課者陽人凶三四課陰人凶蛇旺與虎同禍與虎同剋日宅虎毋令見入傳又曰宅逢宅虎莫逢元武乘魁罡立死六合為六片板不宜占病天后臨地絕主世多病太常加亥凶 貴人逢酉丁壬癸日四日

疫病

九

皆犯死氣絶地不能救　十干与十二將各從其類々將不宜來克我々
神來克日辰年命亦不宜以類將為神所克皆曰同類推殘實患發
发如甲乙日以龍合為同類如申酉作龍合來克或寅卯作龍合加申酉
被克皆是丙丁亥子作蛇雀或巳午作蛇雀加于亥子戊己日寅卯作空常
勾貴或四季作空常勾貴加寅卯皆宜細推庚辛壬癸日可例知十二
神中惟魁罡加日辰年命作鬼乘凶將煞最凶二木四土並見課傳
本命々本神
凶太冲傳出入課傳病多變症傳出臨年命乘凶將稍沉重以傳出為
傳屍鬼從魁為癆病鬼二神並作宅而臨干支主傳尸癆　春卯夏
午秋酉冬子為殘煞主變症申加巳為虎入喪車凶申命庚日傳反吟

申加寅二人入兒乃必死申身也三月占帶死氣尸也申作六合臨卯人入棺也

死九月占未生氣加卯不來六合卯為林病殊不死生氣占病最要緊

來旺入棺亦活 天月德月合天乙月將生氣六合皆為救神不如生氣

最怕其凶殺多般不如白虎最速干支命病空凶 新病見空即解久病

巳虛見空即死少壯利空亡老者不利 凡課喜合惟占病不喜見三

六合並天將六合病不解 太歲原不救病來死虎加年命克我自囚

巳克犯凶歲前五辰為歲宅後五宅為歲墓帷虎來之作鬼家口災病

太歲當頭立作虎主重喪死神死氣病符浴盆喪吊線麻凶殺皆以鬼

墓刑衝 詳其旺相休囚生克刑沖破害以分吉凶 凡課吉終吉課凶終凶不

疾病

廿

并拘于神煞大抵五行生旺和合为吉煞休囚乘戾为凶煞吉以吉神更深○凶以凶地稍难当○比之论也　不宜之絶天獄死奇无魂绝嗣無禄等

课二克一克二皆主病象不備课分阴阳推病逢克病轻昴星阴毒二阴沉疴主胎主少咒之不宜为投胎辰午申登三天常人不宜主死亡铸卯不宜占病玉堂时雄匡絳宫时病重死绝发用不吉如丑未加卯阴人病危巳时发用吉凶生死目下便知死魂加命并反吟病人魂走丧吊加罡为用者脈元收罡或在卯酉上为收魂死气作前未病者不出一月病已病人之十九天死

占旧病根由以支为主克干来生支否如甲午日寅加午　癸卯日癸加

卯之類乃是守受不顧嬪或不善調養自取其病乎加支被克次甲申
日寅加申乃勞心費力所之日來辰上為亂肯步趕辰從加日上門亂肯
尤重或觸動或勞動所之涉害病起艱難此係大略詳細分別
以支上神及天將決之以年上天將亦可參看支上將見天乙病起慶賀
憂勞見蛇驚恐怪異夢寐不安見雀口舌公訟文書憂疑見合慶喜
宴會飲食過傷見勾爭鬥訟獄氣病見龍為財所失喜事傷神見空
起病卒暴或因姦閨隱惡而所或奴婢土户見虎病起常畏向病異
詞訟少見常停積飲食財帛受寒見玄盜賊淫亂見陰起于暗昧
陰私或喜或驚氣結心胃見后因婦女爭競不明多積恨與聲色

疾病

廿

舊式有壬子癸丑日占白虎來向(內)丁木斷以往妻家得病蓋水以丁為
妻才(而)未又克壬癸為兄之故餘可類推兄馬同動得病支為病支上天
將為起病之由天乙順得陽向陽癒天乙逆得陰向為陰癒天乙逆陽傳
出陰陽變陰也天乙順陰傳出陽乃陽(陰)變陽也　必係占病知何癒白
虎未傷豈病因伍丑木虎病在脾水虎病在心之類次看以年上得
何神虎克以年上神病係在(裏)內年上神所主臟腑受之　如水虎巳午
神小腸病午年神心病也年上神克虎者女病在外表病(戍)成膚文作
之間即傳與本年上神所傷受之如水虎土年神病在脾不在心與小腸
也年與虎生比為和順則表裏俱有病皆以水虎為例　水年神病

白虎經
一病

腎金年神病傳肺木年神病傳肝也　丑加亥乘帝之一二課男病
腎臟之三四課女病血風　凡癸卯神后二神乘白虎者主心与小腸經受
病白虎經曰小年上見太乙。小腸經病。小便赤澁。口瘡面赤。見勝光。心經
受病。狂躁煩悶。發渴吐血。二症皆屬裏。丑木者病傳膀胱惡寒熱
燥赤斑痺疹見辰戌者病傳腎經口瘡目黃乾瘡瘍寒熱二症
皆屬表見亥子与帝比和表裏主多有病其外也主煩赤唇燥痺
疹目赤其內也主喉乾与心燥熱便閉躁悶驚悸見申酉者病傳
入肺与大腸經外症臉赤熱嗽痺喘息內症便血咽喉痰盛見寅
卯者病傳肝膽二經外症目赤肥腫熱瘡赤燉大痺內症霍亂吐

疾病

水瀉悸咽腫齒腫　凡傳送從魁二神乘帝者肝膽經受病白虎
經曰行門虎功曹膽經病筋攣腳弱勞血凝滯目昏凡太沖肝經病
嗔怒癱瘓風痺中濕二症皆裏凡勝光者病反傳大腸蹺跽呻吟
毛焦營衛不和凡太乙者病反傳肺氣粗吐瘦耳聾鼻瘡二症皆表
凡申酉與帝比和表裏皆病外症筋急嗔叫步難屈伸面白青內症
大便秘痛風中渴吐喘息凡亥子者病傳腎與膀胱外病青白黑耳
聾目脹膨腫臂肘痛肉症惡寒腸鳴喘嗽叫肺凡辰戌病傳脾胃外
症肌瘦寒熱呻吟拘急膝痛內症嘔吐反胃吃食停飲腹大痛
凡四土神上乘帝者腎與膀胱受病白虎經曰門年上見癸明者病

在腎兄神后者病在膀先腎病主奔豚疝癖遺瀉小便白濁夜多
尿兄逢卯者病反傳脾胃傳脾者何主嘔痰乾嘔傳胃者何主飧
泄收作無力二症皆表症兄土者與本比和表裏俱病外症則面若黄
腫倦懶無力浮腫目黄疸症內症則反胃吐食泄痢腎氣遊走兄
巳午者病傳心與心腸係外症煩燥五心熱自汗喜水發渴便赤呻吟
腸病虛憊兄申子者病傳肺與大腸係　症缺待補
兄巳午來白虎者肺與大腸係病白虎係田門年上兄申母病在大腸兄
酉者病在肺大腸病何泄瀉腹鳴便閉血痢肺係病何喘急淚嗽
咯血痰嗽二者皆表兄亥者病反傳心兄子者病傳小腸心病者何主

淚病

心躁壯熱稠痰痔病小腸病何寒慄中心塞喘息咽乾毛焦二症皆表
症見巳午与丙比和表裏皆病也外症面赤發熱、喘息痔秘泄利自汗
裏症發寒咳嗽吐血吐痰面青拘急呻吟瘦清便秘同黃下瀉見四土者
病傳膀先腎便丑未吐痰沫不進飲食屬裏辰戌面黃喘息身腫皮
屬表　凡寅卯上乘白虎者脾胃便受病向丙便回月年上見丑未者胃
家受病主積聚呃逆氣逆翻胃見辰戌者脾家病主泄瀉腹脹二
症在裏見申酉乾嘔噴酸面青黃見子病傳肝寒熱齒痛腰膝脹
二症皆表見寅卯与丙比和外症則面浮肥腫脹皮肉症則虛瘦傳
積黃疸吐食惡心見亥子病在腎与膀胱外症肌寒盜汗呻吟口苦心

煩內症脹滿痰泄瘡疾久沸沉積見巳午者病傷心與小腸外症乾嘔
便秘汗外熱、爲水內症瘡癖便濁狂熱悲忘　卯見丑上見白虎其人翻
胃病難任那堪更與天空并吐瀉元來是的矣　又黃帝便回欲知病
症專視用終次用至終木被傷流血用木終土臃脹結聚用土終水下
淋腹急用水終火寒熱、進退用火終金瘡熱羸瘦　亦有看本命上神
者有在日辰上而神與其說綸、又端似虎與年命干支發用與處看與
處受病之先乘何天將病狀可決　如天乙頭目痛心下悶寒快則來煩
逆則氣逆又主產難天乙加仲病勢重疊加支內木神主疼痛　蛇主發
熱驚狂乾渴和傷兄弟身有斑瘡入傷又主悲眼　雀主嘔吐呻吟渴

疾病

燥氣喘三焦不利入用患目 合主夫氣傷風身作沉重 勾主臃腫沉
滯昏迷胃冷宿瘦吐血尤入用受克必不進飲食 空主肋胞走氣泄利
嘔吐更兄空亡主虛勞 虛主筋骨疼痛帶刑癆病 否屏刀砍傷申屏
加支遇殺仍病 常主腹疾夢魘氣緩風癱女人赤白帶下 武主腰
痛水脹走注膀光泄瀉遺精 辰土作武大便不通 陰主冷疾腳損筋
縮更仍伏冷失声面向壁臥思人向動 后主痢疾膀光血海氣冷作
弱遂色 陰有兒上天將天乙病輕恍夢寐不安食無味惡心 雀主火
上升話語狂言咳嗽 合主氣塞吐瘦心痛 勾主傷脾腹脹不爽快作
作痛 尤胃風搐急變易不定 空腸(腸)鳴氣走頭痛(眩)旋 虎主瀉狂筋骨

背痛血疾傷常主 飲食傷空煞武主冷氣奔心傷寒盜汗 陰主背

節酸痛后色慾過傷 勾陳來卯加丑反胃症辰巳加子降人空煞虛

勞訣今如亡凶太陰來巳午為悲悶占母妻病必凶天后來子病脫女殃

血男竭精生氣作庚傷尸癆月厭作虎加支無氣又入傳重、表稱申加

虛兄宅庚狂病見鬼 三傳神將俱晝症為陽俱夜症為陰 初傳重土

咽喉閉塞重金腹疼重水小腹急心悸重木腳脹重火咳嗽來庚

病加倍及三傳日辰各倍局或一辰偏多即是有病 如木局木多以木論症 者以之數

擇其偏勝者論之是為變通 占婦人病狀俱同兄弟常主同昏暈騎

腹刺痛木主腹脹手足虛腫水主子宮寒冷月經不調火主血崩赤

疾病

白帶土主便帶血塊積帶癥瘕兄生氣三六合報生主卯孕成以病論占小兒亥子相加夜啼　占病入飲食否有月干之祿又有日干之食神乘行年乃運粮神祿與食神發受克作閉口主久病絕食餓死命乘絕空及絕神為用絕粒食神不入傳或臨空主絕不思食　占病退不退身視日兒衰旺如何兒在日前退遲居日後退速　兒在天盤言日在地從言　占醫視天地所臨之方男女以魁罡加行年在功曹傳送下請醫假如有男三十一歲行年在申一歲從寅上起以罡加在申魁至午上功曹在午宜南方請醫女三十一歲行年在寅以魁加寅則傳送在子上宜北方請醫貴方起病東方減病凡醫神臨土木之鄉宜

丸散毋水鄉宜湯藥火鄉宜灸金宜針又醫克鬼爲服藥效醫爲用鬼克無功往藥犬傷　子孫亦爲藥子孫受克藥不效醫神克用誤服藥餌克日無動更克亦死　用克氣有日鬼不可向服藥男求藥向功曹下傳送之方女可尋藥與凶神惡將會病人雖痊反妨深　天以神后加坐月建天上功曹下爲天醫傳送下爲地醫　又醫神是木東方人角音姓仍可例　又式功曹傳送下爲天醫對冲爲地醫又坐月日辰對立者曰以前二辰爲天醫病便年求歲醫半年一季求月醫便月者求日醫便旬者求時醫（辰）當日求時醫（占時）如辰時占辰前二位卯一一　侯宜入傳加行年爲有救　以上數條天醫取法亦要於天盤上求之爲使大凡占病先

疾病

共

看日辰行年三傳有克病鬼者醫藥有力若鬼病無制即有諸醫神亦無用求醫治身救其克虎鬼可也醫其本不醫其標細推病原病症專攻其一行偏勝偏克之處為是　占避病曰前天醫方最吉當以本月伏吟時查鬼神不知從還寅二卯三類即用本日伏吟時亦何　占病期看死氣在日前實已過在日後病臥床又曰日辰所喜為痊期所惡為死期日用辰以用神扶助為痊期刑克為死期一以用神所生之日為痊期如寅發用丙丁巳午日為痊期以申克年上神為死期又曰今日干為虎者凶危之日以克我日為凶期我生處為痊期此與脫日干期為退很還如戊○巳○痊○庚○辛○喜圜○以干作鬼欲其盜氣也前逢虎鬼

為出日遁遇克生是吉期。據是課傳年命内力救神於处制克制帝旺衰之日為准，如克帝無制，旺日即出期也。一說神后為九泉之神，加本命男罡下女魁下，如月期加月建魁罡下為日，取如今日之辰魁罡下為時期。又云為驗神，其下臨辰期文干作帝墓，今日若在他程救去程，如甲子日寅子作帝，今日克如午作帝墓，丙丁日也。

占六親病以干支分尊卑，干為尊支為卑。尊占卑要支神有氣，如支之下賊上，雖曰絕嗣不妨，下辰有氣；支之上克下，抑不美，下辰無氣也。三傳作鬼，尔不宜。卑占尊以干為主論之，次看類神：生日為父母爻，日生為子孫爻，日克為妻才爻，日比為兄弟朋友爻，各吉旺相，不吉神吉將空亡，并三傳見克，如甲乙日土克水

疾病

占父母出水克火子孫出土來出將身妾出係傲後占父母身看日辰日辰受克出魁罡加日辰并來克帝出將更的癸卯日申來六合加卯占父母死以父母爻入墓也丙丁日占又當主妻死妻才入墓也以此例推日值日貴人落空尊者死太陰落空母出太陽空父出青龍官爻入墓陷空夫出天后財爻入墓陷空受克身出六合子孫爻小兒兄弟朋友爻入墓陷空受克出天空亥戌為奴僕爻

脈息法

占脈息傳兄孟為寸仲為關季為尺上克下浮下克上脈沉相生者脈和旺相者盛休囚者損二陽一陰其脈結緊二陰一陽其脈微細三陽多浮數三陰遲緩濡弱旺相純全又主洪大死囚并脈乾難為伏吟滿返吟滑木結長火洪大金浮滑水沉滞土遲緩五

者以生克制化安定生死以乃年上神勝負決之　占有祟否傳中有今日鬼有祟無鬼并鬼落空無鬼祟再看鬼臨何位鬼臨木是自縊鬼或因修造鬼臨金殺傷鬼或神為禍因鬼臨火是灶神五道城隍鬼臨水淹死鬼或河泊神鬼臨土宅神土神其鬼上來何將天乙天神嶽神蛇道瘟神　淫神　在野死鬼太神合自死鬼勾陳卑鬼龙貴官鬼及香火口愿空無祀鬼東午主犯星宿虎兵死鬼未新鬼祖先元盜賊廁中鬼陰絕祀鬼后女鬼蛇光日墓文更夢神天同夢不安夢神巳辰二戌三丑（日本輪日季）　后丑加支夜夢鬼交申鬼加午道路傷鬼為祟天空在木井怪宿疾死氣為鬼死人（閉）財物天后東子鬼血腥女子纏木加巳丹

疾病

灶近陰土病瘡疾目病上下不和木加卯東司損、老人長病 次辛酉日子 灶也

加酉未太陰婦人伏尸亥支加丁久病臥床酉支加丁為嗌目無病目鬼值

天巫陀師壯相傳壯相不移禍連茲課傳歸鬼卿非出策天醫天巫救了

必大凶傷刑月年尤不宜 一有鬼上將貴禍出天神主傷宮無頭痛目昏

陀日灶神○主の肢痛頭目腰心躁大小腸無漏產主咒咀為禍心腹煩悶

血燥狂亂迷惑怯弱合眷之人為崇又同宅有動作為崇禍出司命 灶君 主

陰易心腹氣句困閑基有妨或墻垣垣墓主癰疽膿血九主功位

繪畫菩頭、污穢の神靈傷寒沉重室伏尸鬼主吐瀉利寒熱了

病虎主病患死喪之鬼主の肢胸脇病 常主父母外家鬼或新

死鬼主風病亡溺水鬼或有愿主瀉痢腰足疼眼目昏婦陰主
老女人祟佛像為祟主手足冷氣陰毒傷寒氣痺之病后有伏尸女
鬼主夜夢洩精欠成痨須送祟為吉 一看鬼所屬天罡大半是家親
太乙香爐愿未還勝光多是傷亡鬼小吉師主定有咒傷還天曹亦有愿
從魁土地木神作祟逢少婦河魁登壇公祖母登明木野及灶君神后司廟多
為祟大吉太山司道神功曹香烟速社廟太冲功德愿云云 凡占禍祟先
看有無三傳無克于干支不可便言神鬼克日為鬼克支為神貴怕驚怪不祥
元武用傳神求真武朱雀心愫不還經咒之類六合急換帳床勾為魍
魎欠分男女次列八方青龍初傳天頭中頭酬賽家堂未有卷軸是
疾病
先

不安不淨處天空師巫宗字古稷雨神祈求祭祀白虎加申為横死亡魂（合）

住宅中藏神為祟太常許下願望失時不還元武生主子方落水鬼太陰

灶君損動修塑求禳天后觀音之願不安河神井廁白虎傷兒天空岳神

為咎三合乃家先兄類（犯）血老仲中雲步下來尧上外面河東上尧下分家中

更病白虎臨太歲有犯禁忌方向虎合四季喪煞侵寅宅加寅卯自縊傷

亡句陳丑未辰戌土神為害與諸殺課傷年命日鬼所來天將也再血死氣

并凶鬼（煞）主死　死氣作六合家有古塚作宅沉靡久病作句已死人陰府

勾陳作貴香火作虎瘟痛亡人不解脫或伏尸作殃作后陰不解脫女

人業一以正對以年上神言之寅司命卯文人辰水比居祠巳舊灶午星宿

宿未坟鬼申嫁娶鬼丑咒咀戌墓塚亥厕子道路傷亡丑宅神

辰傷上尺鬼言出哭客死鬼卯絶後傷亡辰土兵死巳兵死午灶祀未大人

司命中斗道作死丑水神祠里中不葬鬼戌兵死墓道上住亥客鬼水鬼

墓加于傷處作鬼咒債　又從看鬼所傷為鬼傷長生　傷鬼申　丙丁日水鬼　婆神女道

沐浴河鬼水神溺水鬼冠帶傷功位非催困訟許願帝家宗先土他衰

木下山林鬼病小墓鬼死先亡公伯墓絶〻嗣客亡胎產充壽神座不安

宜以鬼所　坐論　看鬼是神無日鬼同天鬼女道兵亡產死同月鬼、怪血支忌

帶血鬼山精出道上縊自縊歸忌家神月無、表刀犯墓指背伏連鬼宅

再死鬼無魂死神卯墓鬼蛇夢中与死人交徐飲食卯墓、損願神

疾病

有愿未還天光光坐跳罡加亥 宅隱伏尸枚柳 裙（裾）居方所看无處所收

次收丁方丑危檻寅中建道卯丞前戍門辰積壤巳灶午堂未井戌浴堂

亥厕 凡信以天醫旺相、生氣祿神月空吉神等為可速動或加刑害克

位及天將內克無效 又信以功曹加月建勝光下為灸神從魁下為針神

小吉下為藥（药）神次被刑帶煞與凶神并來克日辰年命不可醫治 以神

后加臨月建功曹值還下為天地醫宜向此方求醫及安床避病

賊盜

日干為失主元武為盜武之陰神為盜神元武臨子即以地盤子上所臨之神為盜神元武所乘可以定盜之男女老幼盜神所臨可以定盜之生克犯与不犯盜神即盜之所在天地相加可以知盜之遠近盜神所生之方為盜藏物也贓處勾陳為捕盜人捕獲日期皆以克武盜克日鬼之時決之凡未失之先怕見元武而空亡脫耗鬼仇騰宅破碎皆元武伴侶人年命上值此無所克害必遭其害日辰用傳行年上逢鬼日鬼主賊元武并之克日武不克日反來生日与鬼乘生氣皆主盜賊窺伺其坊不止又武加支克支日夜須要隄防鬼來克日用神克之其鬼有化為賊

猜中偷竊（鼠） 財有氣而賊無氣不畏怉臨財主失物卯與六合為私門

酉與太陰為蒙蔽若武并后合奸陰步入門主盜賊淫佚龍朱盜神

作鬼春事中防有侵盜賊神天盜天賊與武並臨日辰皆主盜賊發動

賊神旬首前一位六乙之支是也天盜春巳夏未秋亥冬子○又賊神春卯夏午

秋酉冬子 時盜春巳夏卯秋子冬子 天賊正月起丑逆行四季

脫神主盜若三傳皆脫年命上神生盜日干交動生子又主失而沒還不脫

上見天空為真盜空亡亦然 極財亦盜之類或入傳為年月日時之鬼尤

的遊都并元武旺相為真所畏盜勢猖狂遊都在日前一位一日賊

至二三位須步防之在四位賊已過去不來遊都對沖為虜都亦主盜

若遊都見元武賊反易敗又遊都加孟賊不來加仲半路加季即至

占郡縣有賊否　看四課中見蛇武有賊　無則無賊　欲知何賊　以用神論

白虎殺人賊　雀放火賊　元偷盜賊　主陽將有　陰將無　六合不發　占賊

來去方　元武盜神同克宅處為入來之方　若乘天驛馬　賊從克方踰垣

越墻屋而至　無二馬　從克方穿穴而入　戌亥為天門　元乘之　賊從虛空樓

閣上來　辰巳為地戶　武乘之　賊從坑坎水竇中來　盜神與主俱鬼乘併

主俛正盜順仲　賊由俛害而下　又元武之後為賊朱路　次武乘子臨亥天盤

鬼害正卯逆仲

面後是地盤戌　當由西北方來　地盤即是賊本家　尔自西北回正西去　必不

從東者　以賊不可克俺地也　倘歸本家而中有貴人非逕途　則隱伏而後還

家　賊必被逕貴也　又曰以子午下為來　天上子午所臨為地下方道　滿日從午

捕獲賊盜

下降日從子下來子午加寅從屋梁上來加卯從門前來加辰從神堂廟底下來加巳從廚灶穿來加午從廁堂下來加未天井柳樹下來加申夾墻過道下來加酉後門牌坊下來加戌浴堂厠側下來加亥樓閣豬圈下來加子坊堂後屋下來加丑廚坊祖先堂下來以寅申為賊去方陽日用申下降日用寅下申加寅從棟梁上去加卯門前去加辰廊廡聖堂下去加巳廚灶下去加午廁堂正屋上去未由天井花台下去申從夾墻柱巷過路下去酉從後門牌屋下去戌浴堂僕舍下去亥樓閣厠側豬坊下去子坊堂下去丑先堂花欄下去此賊之上下方向也

占賊逃　元武在戌亥必過關渡而去　魁罡天關　切書地界及魁罡文傍

凡武乘功曹主由剡梁而遁太歲乘武賊走入京月建乘武与武乘祿
馬賊走入府州市井中去凡順則賊已走逆則潛伏用起三交羅網同關
隔拒併戮不遁三者或逢盜賊亦窮　失盜後專責武与盜神或神
与武相克者曰內戰主窩裡爭競而告首盜神与雀勾虎朱併主自敗与
陰合併主有藏匿難獲日辰上三傳及失主年上處有克武与盜神
者不獲盜神克日傳主日上朱勾魁罡為獄獲武坐魁罡地上必敗○
武下与魁罡相生○捕人得賊寅放○干頭有戌字○遁甲年月日時有戌字○
者敗○三傳俱土者立敗武空亡帶死氣亦敗三傳与武相克兇天罡勾陳敗○
三傳但有克鬼者傳有日鬼日上神克之皆敗三傳皆鬼身拒神者語之

賊盜

鬼克鬼賊捉賊隱不得如鬼有合捕之無益　三傳盜氣得令向天將俱盜
氣難破　傳中日財克武財修不為賊有元武加日下賊上為用日旺武
衰可獲　日上有句陳盜自陳背元武傳入才鄉不獲元節無收旺相
之地逢克日上神與盜神必傷人武臨門戶克日亦傷人武陰乘神比
和并吉將三傳相生不克武與日相生俱難獲元與虜都并臨旺相武
主家元臨羊亦為主日上貴用不敗六丁主動六合破〻〻不敗三傳有空亡
貴人空亡貴用鬼空亡加日鬼為用日上鬼墓神鬼反克〻〻為有隱藏
不獲盜武坐入墓及歷孤虛之地皆不獲太陰六合作日歲入傳青龍
為用戌入傳皆不獲武空陰合諸陰之神主日狀可主夜帶三合比和

主屈必刑沖破害方敗武遇傳生逃遠武在日後難獲元乘今日絕無勢
非山又主易獲若捕受傷武乘庚申辛酉必藏亥為武半夜人坐非賊乎
如武喜夜不喜日若日上丑課發用有制易敗元乘月將加日為露形必敗
大於大陽與武雖不尅亦獲元在夜地隱伏難獲在晝地日易現形可獲
武入羅網欲逃無蹤　占捕以句為緝捕人句尅神易獲盜尅句拒捕捕
人儆賊盜生句捕人受賄比和通同窩隱元句朱不尅武捕人不得力動
傳為賊中傳為賊末傳捕人初尅末難捉末尅初可獲　占擒賊分主客
發用上尅下日尅辰宜先舉兵發用下尅上辰尅日不宜先舉後舉則吉
此武又尅句賊方有勢未可輕舉發用三傳俱尅武易擒及三傳莫制而

武所乘神及來克日干又帶金煞其賊甚凶勿輕易追 元武所乘神逢內戰又作無氣之地 句所乘神與日辰上神並制元武其賊束手受縛 貴作日雖不制武其賊可擒 六合太陰克元主窩家不容擒而出首也 用兄朱主信通所尋易見必須人報 若見貴人便見 句陰二神忌落空捕人用計不成功 三合課支上發用信兄蛇元龍失財走亡更凶 天建定危執破武乘之而不安 每月執破定危亦必同歸于敗 擒賊俟作盜神為主以指遊都 凡盜神受制雖元武有氣旺相、生終當受擒 盜神旺生有氣帶三六合其賊未可攻 盜神所乘神將與龍常者亦未可比 與合陰者賊者謀略宜方便攻之 與庫可擒 與雀為吏獲 與句爭財爻子卯巳申為盜神者難擒 帶金煞大煞白虎煞賊勢凶熾不可犯 帶吉將與武通殊未比合者賊有兇眾難攻惟盜神無氣內賊受制武臨無氣之鄉與元相刑克易獲 論天目星與天目煞二者取用不同不可不知 天目星為察賊所在天目臨寅貴賊在山林道院城郭之內間 臨卯在林木寺串城門之側 臨辰在陂池積件高平之旁 臨巳在窯灶爐冶花草之側 臨午在大道宿舍馬厩之側 臨未在庄舍古井柏樹之側 臨申在道鋪城滙斜巷之側 臨酉在藪澤近水江渚之側 臨戌在聚栗猪墻壘土之側 臨亥在樓台水閣近江之側 臨子在江河淺灘漁鈎汎之側 臨丑在池塘坟田園圃之側 以上宜視休旺之氣方驗

賊盜

不可一途而論天目煞為見知在法如天目作貴人向官員也者可見而治作蛇向吃徒僧俗作雀向官吏秀才作合向沙门九流作勾向軍吏弋獲作龙向長者富（官）人作空向獄吏僧卜作虎向救伐兵人作常向者服善人作玄向奸私窕賊作陰向孝服婢女作向妇人女子可以見而知之

在路上應 天目星春卯帙の仲 天目煞春辰帙の季 占賊所在元玄戍即西北至未即西南 天盤所乘

避

又看其陰神乃還徙藏身（避）之处大都不越此处尋之亡神 天目星三奸神

皆賊所在元武所喜之位為盜止處及申武當在坤方武若生旺之鄉

彩伴法和不散一法魁罡臨处賊藏其下看神之三合如亥卯未之加時申子辰

辰加時 用本日支神三合之墓 加逃走之時 以此數至魁罡之下擒之占逃亡同此例 亡神 卯向

中六乙三胕亥於巳子於三傳有一傳不克卯盜止處有一生處即賊止處
午丑於未
占賊藏伺所看盜神如河神居在北方水澤江湖之所東有橋梁故墓北有
水畔樓台前有神廟物藏水中其家有兒女啼哭問而知之得大吉在北方
或城池或風雷雲雨壇或龍王廟或先賢將軍祠或在會場之所水邊則
橋梁平曲之野故墓之處平田之類賊在其中功曹在東林木之地堤岸之
所有大木在西北及枯木處所沽酒之家寺觀旁藏物窖中草茅叢盡太
沖東方樹木竹林間曲巷水徑邊寺觀其家能水木之工會做木竹舟車之
匠天罡在東隔闊陂嶺穴塚之中其有池塘傍有骸骨之地蛟龍之跡西
有漁獵採捕之人其人能丹青彩畫太乙東南窯灶之處其有林木夏有蟬

盜賊

冬有馬断藏物土橋下其物在內家有師巫壇場勝光正南鐵匠鑪冶之所大門旁有楊柳二株門有牛馬槽或廟祠家為馬牛買販之家小吉偏西南隈伏犯造坟所向東四千步內或有井向園有人歌唱或牧羊之处傳送人家奉佛神像傳近西南近州县城門墻閣廂之處鄉村寺雲之所大道口馬會郵亭之所金银磨礦之家商败之地倉廒堆積处其家能金石之工坊向陽之之從魁西方水澤旁城池從魁之所娼妇漆匠之家銀匠之傍河魁西北州郡營寨之所邱崖溝道村居不一有高崗土堆坟墓人家有猪犬者藏物近樓台人在其中乃下賤僕人兵卒之家登明北方偏西北傍住水边地名有點水字樣其家曾為獄卒猪圈汙池惡

水傍藏物近水內有橋亭門外有小兒趕豬向之而獲　占賊藏何
處在何人家視盜神所乘天將如乘貴人旺相上下相生其盜在貴人之
家或官宦豪勢難獲螣蛇旺相相生在富豪之家雖多罵詈而不可
獲相克方獲如值死囚相生必是凶惡人家罵詈而乘武在表猶之家
朱雀旺相相生在貴顯有勢人家難獲如相克在公吏人家而乘之如囚死
相生在女頭目（旁注：文书小吏）之家相克或私部兵吏兄信得之六合旺相相生在
市井猾徒之家難捉相克而乘因死相生在九流邪術人家不得相克
依親屬婦人雜以門戶私情密誘獲之勾陳旺相相生將軍椽吏書
辦人家難獲相克在囚徒人家根信而乘囚死相生敢吏家為人所執

盜賊

相克在表禍人家因死徒輩首告也青龍旺相則生在貴人長者家或寺觀中不可發相克必爭財物飲食而也也死囚相生在胥吏常人交遊相隱相克則因出入飲食而也天空旺相則生在於市主户人家雖得相克因外遊走則動中也因死相克生缺文相克在下賤奴婢人家句陳也也白虎旺相則生押班兵卒軍戰之家不可也相克因喪服也死囚相生在屠肉賤人屠户之家不可也相克在有喪柩之家欲自殺也太常旺相則生在貴人九流之家或出入宮禁不可也相克因酒食財物交關中也死囚相生在僧道家雖也相克藏孝服因徒之家也元武則生在宰家相克也則相生不可也太陰旺相則生在婦人之家

雖得相剋孝服家得之天后旺相相生依女人家雖得相剋相親之事
家知其蹤跡死囚相生在婦人邊中家雖得相剋主娼婦人家因閒
友得之　占賊是何等人事看玄武所乘陽為男陰為女有氣為少
旺無氣為老又玄武上下俱陽為男俱陰為女上下不比為男武乘吉神
而旺者豪俠子凶神休囚者貧婦兒乘寅為公吏乘卯為僧侶辰戌為
軍人巳為手藝人為宮主為爐冶人未為無識人申為過犯人酉為金銀匠
及燒揚酒客亥子水族或近水濱人丑午旅客寅午並月厭克日奴婢
作賊　占賊救同武與太歲月建並者多人盜去本家知伴救語元
武與陰神相剋比為武乘戌加申戌上見子相者為位盜必無人共相

賊盜

未戌丑子九共四十五數 又木為賊是木人為首其類非三則八 水一六
金四九土五十火二七推之 又課傳年命見兒多者盜多 一兒一人 盜二
兒二人 盜以冬季火日占 三傳申子辰三兒三人 盜者是一白一黑一黃白
者中年 黑者少年 黃者老年 又冬金休囚水旺也 占賊遠近 以盜
神上下相乘論之 如甲己子午九 盜神旺則遠 休則近 又將武數至
盜神幾位幾里亦通 一云里數看天盤上下相乘者數之 又曰
貴人順看初元下尋 逆看武後陰下尋 近也 吟去 如遠在武沖地下伏
吟不遠 即在武臨前辰下 占盜明暗 武立卯至申 天盤白日
盜立酉至寅 黑夜盜 日辰年命三傳俱在陽位 賊可得

占賊形狀式加孟形長 加仲形小 加季矮小 又天罡加孟仲季亦然 木為賊其形長 青色 水形肥黑 金形方白 土形厚色黃 火賊頭尖斜色赤 亥為賊其人黃黑 眼目歪斜 肚大頭後無毛 貪食性急 子爲式面黑 眉目分明 形肥厚大 身材有鬚 好色徒過水往 丑爲式面黃車軸身 黃中帶白色 皮粗 腹大多力 步語遲 拔河 寅爲式青黑色 身大長俏身材 面有瘢記 作花粉畫工手 卯爲式青色 瘦小 大頭大耳 齙齒作網漁撈之人 辰爲式黃白色 車軸身 項矮 鵝頭 大壯 大凶惡 性則暴 巳爲式面赤 中等身材 手小 頭歪 好罵人 寡從之府仕 午爲元武色赤 頭尖者 背高 性燥 大唇長口 衣遲 馬處 未爲式面胖圓 黃白

色中材口方肩粗家有羊申以為武面淨白羊鼻子身作文節身長
瘦無鬚人有決斷 酉為武白淨或稀臉身矮小聲低小頂潤口好唱
下唇八又曰形貌細白是優人 戌為武大身材頂大言惡長頭惡口
齒少髮無鬚 色黄白

賊服色形狀 子着青黑衣黄衣生得瘦弱女而相羽音 丑着皂下
黄而醜生得雄偉多赤鬚髭 宮音 寅着青裝束人膝長毛把斑猫
角音 卯着素綠作和尚轉却作匠術之狀角音 辰着黄布衫
目大肩粗頂把黄錦鈎竿 宮音 巳着白身小瘦貪歡曲善言試
蓋獨賊子黄人便交手徵音 午着紫衣面黄紫裳褂子比賊把

火知信先見一匹赤馬次見着青紫棠面便是賊手灯籠挾之

徵音未着黃布衫又沒白衣裳眼露賊真做法張三不然姓張

而說宮音覆姓申着黃皮白衣身長白手把彈弓泥丸不合與門

陽人男成女言語而露商音子着白衣黃裳肚多口嘴面上斑点

声聲方造捏婦人尋夫商姓　戌着上黃半白衣形惡鬍鬚黑色

正人藏被家內不平敗宮姓亥着青黑色背拖三家名姓係商

羽角姓着破衣手拿傘簷羽音又亥肥大相貌黑醜子眼小心

細人丑大腹闊口人寅短矮美鬚人卯瘦怯虎人辰去鬚大眼出人

巳長瘦少鬚人午斜眼有人方長身材未頭白揚眼人申瘦黃人

賊盜

四十

亥形粗長八 戌少拔言八

占賊姓名 寅為武姓王虎豹猴為名 卯姓苑何卜犬兔為名 辰龐田鮑魚龍為名 巳戴申貫金玉為名 午姓楊馮許馬以畜為名 未朱陸福伏井珠玉為名 申袁侯晉鄒黄金為名字 酉劉非鳥石為名字 戌咸戚骨犬為名字 亥李諸衛水為名字 子孫呂孟魏為名字 丑尹王牛杜伯仲季為名字

占賊藏物處 以元武為盜神 所生為賊藏物處 元剋處不藏物也 假如盜神是水 水生木 旺相卯藏樹林中 休囚則紫草中藏 以類推之 寅木臨棺樹 又過道中 卯門戶梯上 篋中 辰泥土 室[illegible]灶中 巳火蛇連灶畔 午馬棚蠶沙中 未地窖井泉中羊

樹草木中甲寅石罅邊寄親借又返還子梅閣尸牖鷄栖成
墻壁草薦內坟墓中又狗糞中灰厠涵江邊草洋猪圈土塚
祠柱下及熟中閤溜中丑牛欄羊棧中　見青龍物在木器內見
而在水中　見天貴物在高處或錢器內見地貴亦在錢器內及池
中見或泥土中者在泥燒成圓物中山幼在燒成灣環或破之物又不在宮
地上在寺院內又入人家尋之不見蛇山泥水中又龍藏物處有尖長青色
上有花紋之物地貴者藏物處有尖長青黑之物或水中之尾之物或生氣
的物白而有藏物處有一尾物或有方青白色物朱雀有藏物處有尖小
青赤物或上面花紋勾陳藏物處有尖長灣環之物有一宮中文書蛇藏

賊盜

物處有一大元字或有尖土青白黃色貴重物元武藏物処有一圓破之物或四足物 此不言藏物之處而言藏物之處所有以便搜尋也但多偽訛當以意會 盜神之神生○日干

原贓乃得中傳爲贓旺相有氣其物尚在休廢分廢無路 中傳下傳克初傳並不存捕捉人克藏物處即於其處得贓不克主不獲 日為失主支為贓物日上並當以午克支、或支生日生午乃得原物若支克日克午或日午反生支財神、星空亡無氣財、或化鬼、或鬼天空刑害皆不得反有所

贓凡占失小物必以用神斷用神所加之地為方也 占獲期以武所長為期或元乘土甲乙日得之太歲上神制武歲中得月建上神制武月中得 日鬼受克之期亦得或辛巳日○巳乘武○加亥貴用○巳亥沖克○以水

制火當于壬子日敗甲辰日傍辰午申氣為日鬼加午受克當在巳午敗

占遺失尋有類神為衣服布帛貴太常錢財貨貴龍尤書文字貴朱雀金銀器貴酉刀劍鎗弩貴申弓弩樂器貴巳桌櫈木器貴寅斗車貴卯傘蓋文章圖畫貴亥藥物湯器吃物貴未、牛貴丑以下類推物類所臨為方向所在物並宅戌日鬼或戌鬼入課傳年命主有人盜者無則自己遺失支上見陰合係家人藏匿類神並陰合亦主家人匿了

凡類入傳與日辰生合易尋干支並克類神亦易尋類克干支難見類神方向所在並旺相有氣易得否則難得又看財在支上者不失其物尚在屋內未出傳歸支上者亦在宅內並子為房即于房內尋之可見

賊盜

一途中失物以白虎爲路神以太陰爲物之要墓炆不要官旺之地則其物雖不出現尚在可以於類神合干処尋之並看類神在何方以類神克陰可得陰克路神難免又遺惑煞 正丑逆卯 主遺忘失物以辰陰克日陽尋得艮陽克日陰不得用爲墓不得爲傳入墓物歷可尋一說凡失物。自墓傳至他処。不去課傳。難自他傳傳入墓。一時難免。終必尋得。

占問回行人爲盜不知是誰偷去即以各人行年排一各人年上所有行年在武下者爲盜 天盤 心鏡曰且將太乙加年上其次須現生月頭虛星立也真爲盜。參宿加臨莫慢人。用神 若此爾云是無此何須要信仇此疑其人未知虛實用太乙加此人年上看 其生月上起 天馬臨支克日。更克日。來居降元。失財。

又看日辰上年命上用傳六处見元与鬼及脫神破碎劫亡或無劫才与空亡天空宅無及財坐空亡其情其來人必占盜賊失脫 帶丁馬恍亦同又辰戌作元加亥子主脫盜其必敗帰亥亦盜類乃武之本家也亦作劫作元加無劫脫無以失物論武立年上本命坐空來占失脫 武之乘神即是賊收處係其方位武之陰神乃賊之藏處武陰所生之處為藏賊處 元武所生亦為賊藏處 課傳年命見武則以元尋其蹤跡若無元武就日鬼斷之其保盜神賊神皆可取斷 大抵要看元武三傳為最的 元武乘神為初傳元陰為中傳元陰傳去之神為末傳 初傳定賊之男女老少 初至中傳之位數定賊之多少數 用中傳上下盤推賊之遠近 以空數其天盤上神即

賊盜

為盜神推其所藏方位處所盜神所涉之天將看其藏何等人家以旺相休囚相克定其可獲不可獲末為捕人看其克初賊可獲克中則難可獲又曰初傳為賊來行盜之處中傳為賊去經行之所末傳為著落即落腳處

按此二說一為課上三傳不論元武克否者一是元武之三傳不論入傳與否必待後驗

又曰貴逆貴元武為蹤迹貴順責它為以跡又曰武去日辰左右不出界陰之往來

占失賊可捕獲否此法如曰傳逆貴逆伏藏可追傳順貴順散去不可追

你要看干支干克支克支上神干旺支衰可捕反此不可捕

元加寅逃以伸

為求蹤要為逃處元去日神上論露形訣曰元武三傳賊住場初賊中難

若捕當中克初分難不在中克末時難捉將初克中傳因物敗末克初

傳主吏降中胜元傷難決敗及逢有克可擒王元武之降为盜神貴神生處劫貴降也 藏匿处 盜神若居行年上其物尋之不可阅 元乘月將加戌賊主处受刑克冲陷空亡來魁罡加亥亡受勾貴者收其所克元盜神元冲克制年傷日辰與生日支無主合六合隱蔽 初傳不陷地未克初中八方天網勾貴克逆都往勝刑 武閉口 元降受克制 元空帶劫血自刑带合克害以上課傳此之均可獲斬 如元为逆都克身武乘帝带干及大煞凶惡殘惡不可輕捕主人年命上神克元盜主人自捕〇每利〇宦貴勾克元盜〇公人捕〇利〇 朱克元盜批文捕之可得係有制賊何神即以何神捕之 吉以类測 不可泥也 賊自敗倒則玄武内戕

賊盜

卯武陰制元武坐土剋也合賊必敗元武空亡自敗　和元中國賊必敗
武陰來句主自首元來馬他州敗因死無丢不出三天敗其不捕與不
敗皆受此多陰〻　又凡陰元空合許陰騎〻神帶合及三合比　和者必有
人隱匿惟被日間〻神刑冲破害下敗次夜及元日難敗
凡日辰〻上下神將自相生剋生相旺比和而吉神良將此主者自处
善良而命不去捕獲也武與盜神〻上下徒來自相生比旺相是其
伴侶而和及過自新不必捕也元帶生剋生自再獲　凡賊〻失
否最要財不空亡盜氣不成旺父母文旺相來制盜神生日干原
賊而將來三傳皆盜氣合主失脫不能獲惟年命上神能制盜

氣而生干者先失後得之意凡亡日財來作空防其賊難炊反遭

賊擾傳被干克干出六傳見三刑空亡驛馬出了中傳旺相在休

囚克空不支伏吟藏類神不離日辰支　初克中、中克初皆散而不

在元武與日神作合家中有拔刀使來三合家內親人為盜傳

送之神為猿猴之性元乘之必為偷盜宜防武乘中帶劍而偷人

為傳中帶火焚而制元乘日辰上帶刀刃其無防捕時偷人克日辰

者尤凶　元武連珠賊居隣里　元武不出三傳面前而見此其例占均吉

未失盜之先課中武見此象而為防備　一曰陽日子下來午下去

陰日午下來子下去　又看賊在物不在日德之下卯藏于支刑處為甲

賊盜

如日在寅卯方也一日則日以中傳兼日以末傳為賊正要伏吟八方賊不出屋又日上看用神為去住方為用之墓去迹处墓地可防西破

亥破寅酉破子午破卯辰破丑 其地所名色必破損廢壞务以五行推之三刑每有破傷之意上冲之橫也其地名或有橫字六合、双也六害、直也長也有双直長字务以其五行及類神推之三合乃三人同心二三其事不濟

寅午戌 地名三山三峯岳嵩穴竇中藏　亥卯未 林木之中形

子辰 池塘江河之所自西南仰向東去　巳酉丑 坑陇之所皆帶三字尋之　寅卯 林森　亥子 江湖池塘

巳午 窯灶中焉 坑源水洞　辰戌 陶窯土堆　丑未 田園野地園林　获期日月將加時

且寻執天池執戌定咒賊之人被捉是此时加意詳之莫失賊必

謂月建中執神所臨之下也（如正月寅為建以建加子寅日上顯至執下）子位元武之神為敗日元武所畏為獲期 如武在卯 酉卯為沖申酉庚辛為畏之歲月時日上神能制武之位為獲期 無以歲月日時期之 又看貴人加處為破日凡除執收三神所臨之下皆可參定日期 遺亡日辰克賊 去失無疑 往合相生遺亡自見 用神之上物類可推 支下帶見失物難尋 日上制之可求向可得 三傳成局物類可觀 空亡墓絕不知時日 用在日辰之上去失方新凡在日辰之前事隔已往 伏吟不出宅 反求自可尋 吟（疑作返）縱使得之應是隔手 凡課傳類神出現其見用乃貴見用合人收 末見貴人物在不失 又曰財日貴中傳零日貴末傳 失物不知日與辰亦子藏覓

賊盜

以時論辰陰者先日陽上欺慢尋之却有用辰陰先日陽不可類無
元武空亡類主日此元走失生氣之物可墓自回 元犬物初傳墓主
失中傳見日辰之墓自兄傳加兄鬼申加午日用鬼帶生丑 未乙八妖
天鬼相推之神鬼擒去有氣為神無氣者鬼其物在处之以用神所
加地位為方所以金為沉澤白木主隱山林土為和金石為窑灶樓
水為水中受其法可尋求又曰天罡所加知物類之失與不失

物類

功德 金銀 絲帛 五谷 典籍 多財 衣服 四足物
竹器 墨硯 藉才 珠玉 銅器
紙筆 冠帶 錢器
詔命 文字
契器
兩足物

罡加孟 失 失 不 失 不 不 失 不

罡加仲 不失 失 失 不 失 不 急尋

罡加季 失 奚 失 陣 不 失 不

逃亡

逃亡有二等有自己急难时而欲逃避者有他人逃亡而匿者欲寻捉者各有所占自占逃避以日为人辰为逃避之所日辰上神生合比和又俱吉将逃之大吉日上旺相有氣吉空亡死囚鬼凶傳進宜前逃退宜後隱前神吉宜前後神吉宜後前見鬼不可往逃後見鬼不可退傳生旺宜速逃速（疑遠字）休囚宜近躲天摇日干生旺之方安居無咎鬼方宜避如甲乙日畏申酉宜往亥子方避申酉受氣巳午方見申酉之鬼為是天上戊巳之方不可以避难逃吉甲子旬辰為戊巳為己俱做此天上六辛方不吉捉則被捉如甲子旬未方是也魁罡為用宜速行且未發用宜遲伏勿動魁

罡之下行宜避謂不可出行避災也六合位處遇奇人宜是支往於天地盤空加也

亡之方偶難藏形隱跡直符方危康卯月破方皆不可往天目下最吉雖

川方里等妨逃避一看天目下二看避都在甚方三看有無生氣四看戊巳

裏頭藏生旺之方逃第步亦是天月德宮康亦逃任居避其利空亡辛

下大難出依此逃看神將相生吉相克凶一本取每日伏吟時看日干所

喜之天將入廟方藏之為吉天驛馬去旺相之生之地而向其方必有神與馬

加午入傳更吉斬關避之宜逃伏吟課為日干所喜天將入廟吉於甲日

且子亥戌輪無驚

龍廟于寅陰廟于丙宜避至向寅方依微此避神方の時

怨力往凡道逢三公掉其而川秋天罡加盡宜左仲宜中季宜右

占商贩欲私川漏税最忌虜都六辛惟宜天驛馬大陀當多則明陰多則隱隱生即不測明主無虞生禁先看日方可去

占捉捕逃亡占法亦以干為己身支與元武為逃人課中看支與武及干用備年命生克衰旺上吉凶神煞及方向期候數目遁甲候照前捕盜法不重錄也但捕逃有刑德有閉口二課刑德分矣愚閉口分為武陰武逆貴順貴此中詳細大端先看刑德刑德不先方取閉口閉口卦不常有貴武便是又刑德用于初逃人時久則須看類神而逃亡無蹤者方取逆貴順貴各有用法不必概拘以武為逃人以武所臨為逃地句陳為捕人武加空亡絕死或遇歸墓并凶殺主在外死病難尋有云

逃亡

但看末傳所指何方便是去处如辛未日巳加辛三傳巳辰卯玄在亥空
亡收子果投河死乙未日子乙三傳卯亥未夜占蛇虎武乘巳落空但在
酉本家不以空斷酉神在丑次日北関捉獲緣遊都子水克巳火天目
在卯加支發用故难去如傳亦見遊都貴勾陳以制武如皆比和從
知着落尔难捉獲见武〻日為獲期武〻合處尔是歸期元武作
往神遊山有神無归心又以末傳对冲〻位為獲期執神所临地辰
為獲期又要加下辰為敗日武落父母方貝人投親戚家武落兄弟方
僕有伴侶勾引出去落子孙方在寺观道院落妻才方必不在良妇
人家落官鬼方在仕宦軍伍处如武併日辰当自归〻武入課傳出现

入課傳出現逃近不遠不出現則遠傳進則去傳退則回三傳隔去當不定三傳無捉捕之人難尋是也元武出是也以句作中末傳見支上自回武生日當日自歸合武若生良向親戚去人須知武在南逃窯灶在北逃水濱在東逃林木在西為陀麓未平田丑樓墓亦以類推一法以月將加和逃時男子勝光及室宿下兩處亦尋女子神后女宿下丑處亦須又正時天罡下不亦須又以日本支三合之墓加時魁罡下亦須逃時戌正時逃者走時難確不如以覺時以月將加正壯夫看大吉下小兒視小吉下婦人看神后下亦尋三奸之下亦捕獲之卯絳宮明堂玉堂下對沖是天綱課宜捕逃但有破綱則不懸一法看逃候去何方即知逃所在先看類神次人姓氏中亦對

逃亡

五十

子孫催兇文是父母者看太常父看日德母有天后夫看青龍妻看
神后兄弟子孫看六合女看神后孫看登明姊妹看太陰此為親類
碌者朋友看六合傭人看朱雀奴看河魁婢看從魁類神既定
再查處者年命所向神將比和生合主外安住兇若刑沖奔走不定
大凡類神皆有益了鄉自無歸心若臨處以下克上或兇空亡不久又要
他須倚值天將入廟雖不出未亦暫留且藏身類神來天驛馬亦
主居身不定自多推殘類神來加支不尋自歸支了左右為陰合
若看逃者小年所臨下克上或夫克兇或三傳帶鬼克了主在外病死
又行年加孟生加仲病加季死此論夫與小年　曾門經曰逃天關遇不

可及登天罡高不可及入地戶隱無形之域乘青龍龍萬里翼翔

神光為上帝之所育參玉女為六丁之所佑此時有佑神實獲尋

捕不得若亥巳時用加兵欲得動又必勝也騎天關者魁罡加日辰也

登天罡者功曹為用也入地戶者將得太陰也　用上將乘青龍將得青

龍也翔神光將得天乙也參玉女將得今旬六丁也又魁罡為天關功曹為天

罡六合為天門　三天俱動逃不可尋空亡發用逃亡不亡伏吟有刑害主改

易不回　如辛酉日夜占用神酉方既與日辰不相生勿追小吉臨日及用

勿追又法則日以中傳為去方辰日以末傳為去方　日有往亡有

刑逃人有為親善良之屬當視德有下賤奴僕凶惡之輩當視

刑々與德雖分據以德勝刑皆獲刑勝德皆不獲如甲戌日占

甲德在寅加午迎矣士于正南戌刑在未加亥遊小人于西北寅木剋未

土德剋刑主獲如庚午日午自刑午剋申往不獲巳巳自巳德在寅

加丑冤矣與丑巳刑在申加未冤小人於未刑剋德不可得而刑德了

中又分男女德在地盤為陰天盤為陽刑亦然遊男看陽往刑遊女看

陰刑德如同位雖分勝負則視刑德根本喜則藏忌則不藏如甲

申日。德與刑寅俱寅々加午。刑々根本在申々被午剋。刑不能藏。也德々

根本在甲々々生午。午是德。德則能藏。若寅加亥々與申同類亥金剋甲木

是刑能藏。德不能藏。德々藏刑々不藏。可獲刑々藏德々不藏々不可獲欲々

知逃人遠近即以德刑加臨位上下相乘旺逆發減是也往刑不先

其中建干與三傳年命日上與往勝刑亦不如書云與德方追求逃

亡萬無一失其初逃時可用此法若過三日須看類神為是三傳純陽

主動純陰主靜伏看遠近里數以天魁作武便是逃者看天魁

去戌幾位便是幾里如在丑三里又以武所臨上下併合武因之以魁在

寅則戌丑寅七併為十二里因之武三十五里　閉口課以逃亡乃因刑德

不相克而後求之如甲子日子位元武逆度之神子為旬尾是陰神

甲戌日戌武逆是未甲申日申武逆陰是巳甲午甲辰甲寅亦以例

推此四旬之首尾相加故曰閉口尋男在武陰下尋女在武下不是之

逃亡

五二

甲日不用此但有天盤玄武見處陽神其下可以尋男地盤武末之本位是陰神可以尋女獲与不獲則以上下相生相克与三傳年命生克決之捕盜賊亦同此 又曰凡占不必度四有逃亡而無踪者方用度四之法為誰度四神為見勾朱必遭吏擒四神見勾陳必有凶患四神見合陰龍者亡人因匿藏遠也難獲四神反見元武者易捕四神見天罡天空地網者亡人前程阻得難逃現此則占日逢六甲元武值旬首為閉口或久亡者當用四度法否則不必 又有夫妻同走者看誰先發意如丙午日占午加戌是元武陽神度四卯為陰卯加未相克則是婦人發意走西南方去 諸般婢走求蕩逃奴責陰婢陰女

女也走必就奴 故貴武陽奴陽男也走必就婢 故貴武陽陰又查
旛武又相矛盾 故今改正以陽就(得)男 陰尋女 貴人順治則以元武丶丶
初傳論其里數 貴人逆治則以元武丶終傳論其里數 近迺為反吟
伏吟不以貴人順逆論 但貴武之沖與陰可反用沖 伏用陽 一說快
貴捉武陽逆貴陰武擒 伏吟為近 反吟遠 旺相行多 死囚緩 元傳
凡日貴(馬)丁蛇皆主走失 用起此神 陰合藏傳中丶下尋 因以三傳
日辰光丁馬貴人神后遠不近 癸明臨仲 太乙為奸神丶丶臨仲
勝光為奸神 大吉臨仲 小吉為奸神 視天上三奸神下 遞獲必
得

奴婢

占奴婢以干為主支為僕凡置奴僕先看干與支吉凶概見次看類神天上戌為奴亥為婢所臨地之位為奴婢宜生克衰旺合休於幽為天空為奴太陰為婢不逢是亥戌之意原可互現不得太拘支生干比和無刑沖克害類神臨旺相方主忠日干不攻休囚空墓者最吉若克類神加干克干為犯上類神加支洄好求克支則作事遲懶他生我以力我生他將隨其所為不能制伏我克他用不能久必厭惡退他干遷克文言對加他心欲去支逢克干漸生不仁以不備部遲二心空亡不久長類入課傷者否則有不吉用神上克下吉下克上不利傳生日吉日

奴婢

五四

生傷脫耗不吉 進傷生旺者人物斂 退傷休囚者蠢惰 癸卯日占
巳癸未卯戌臨午午與巳未相生（干上生支）可置但四下賊上不佳 丙辰日酉丙申
辰戌臨午與申酉克害凶 主子月中丑亥子且旺且生午臨亥上克下發
用者丙用乙卯日 逢克未加卯下賊上發用不利亦置奴婢此為定式
參六畜亦如此類 支上為奴婢 本家怕見刑害 貴人刑害主太凌
虐 天后刑害主母凌辱 太陰同類相如 龍常虎錢帛刑害 六合陰
私刑害 勾陳爭鬥 從將而推 凡支上刑害奴婢自身受苦患 日上
有刑害必累主人 三傳有救及空無妨 奴婢臨太歲歲加奴婢宮
非病即官事 太歲克也主重病 他克太歲亦不利 凡克它帶三神

非逃走卯為私首不堪憂以太任三交卦奴婢有藏匿奸私人絕嗣反凶不可妻他看傾之炊天空太陰乘子戌奴婢相爭而乘子戌奴婢有病它而乘好打架元合乘積財逃走武與妻通尤事后貴乘好善交好朋性亦謹慎天空乘申子臨巳午奴婢駝背乘辰凶惡乘丑隱戌不忠良在乘午寅上可托腹心辰子相加奴婢偷竊子加太乙婢貌次花從魁加午亥坐巳宮奴婢加馬宮武天馬加貴上逃走易主而尸不還看刑沖為何課先看 奴婢行年與家主行年相生吉克則凶不知貴口年以月建代之 看貴上神 又從月將上神決之 看疾病戌奴子婢二宜怕神臨克制之方又不宜見死神病殺鬼尅 占走失奴婢不宜見六丁天康

奴婢

月厭二馬元武逃走無疑二鬼作六合者必叛奴婢以旺相月虛日逃其人身
遠還不必尋 主元逃者易獲空亡歲月破逃者自損亡酉戌加干則外獲
酉戌加支則自回臨于日陰藏躲陰居於辰陰藏親戚家內 武主宅 不又
四課遠逃不入三傳難尋如乙丑日戌加丑主自歸 若占作即不須以酉中傳戌 本宮不入課如
加丑上來太陰當隱伏家但不見正酉而見太陰去遠終不獲 占亡畜走失 同此法
元逃入胜于胜官帝旺方又帶凶煞元臨日干武元主人日午防其復來害
主 必請已逃主 奴婢 勾陳為逃方吉午為南方又有逃人遠迢天上戌去地上戌
相去幾辰幾里合上下辰數并之貴順貴初元逆貴元終遠吟
更遠取元武所中也伏吟不遠取武所陰地從吳同逃亡斷

農桑

日為田主為農人為耕耘支為田畝為禾苗類神日上神旺相吉則農夫吉否則不利支上神旺相吉田苗豐盛否則欠豐日辰上神比和生和則收成日先支上神耕耘不如法以致不收支上神先日田不好終耗散無益五穀類神先金主二麥水主稻黑豆木禾苗谷瓜果火黍稷赤豆麥粟土是二麻類入課傳臨旺相地主收來吉神將生扶類神無收不休支上在傳旺無吉多收反是欠收日生三傳耗費無成三傳生日大有利益五谷視太歲以定豐歉歲上神宜與類和合爲刑先不收歲上見魁罡田禾不熟再有天乙所乘神合其類共主收類乘太沖勝魁天后大收見登明半收

見太乙苗而不實見大吉小吉有蝗蟲刧不宜偏勝全勝主蝗殘螟蟲木淫主速稀淺澇水淫主苗心腐爛火淫主禾不叢稿旱土淫良田不收貴常尤合於支干三傳與類神豐稔定句陳臨於之相克不收朱雀來土克干必爭田界句來水克干必爭水道木神主爭樹木各以類推支上怕見空亡碎碎死無精神縱有吉將所收亦微丁康扱無魁罡同忌又天地轉無関閉神忌加支干及墓加干支費力不成由生傳墓先花後萎從墓傳生先發後獲又傳以登明加貴順則視家長收年上值寅申子午大歉丑未蟲災辰主旱巳亥防盜劫時有公訟卯戌半無勝負是人人協成還債欠租

占歲中宜種何穀以立春日以

月将加正時定四課三傳看太歲上見何神為五穀類神仍詳三傳生克以定收成看其多收者多種又月占以月将加月建視天乙於巳午為天倉加倍收於申酉少收於戌亥不稔再看類神見卯酉子大收亥一半巳丑未不利　占方隅宜何種以各方上所見之神為類神初傳為何方類神生比宜早種中傳末傳生比宜晚種三傳克類神不稔早晚高低再看日財於卯至申位及日上高宜高田於酉至寅位及辰上宜低種田總看旺相否則高低俱不利田看丑不可加寅卯位上並看天將吉凶

農桑

完

蠶事

以午為蠶命屍雖課傳無有勝光為吉將則吉自貴但未六神係蠶
生蠶互作加於皆將勿忌又無龍常六合人物相宜利益　最怕西北二方六神以見死墓凶
害者也　凡四課中有勝光因而三傳為吉神良將則吉卯寅相加巳午相加
大吉為建發課　太歲上神與蠶命相生者吉　寅為繭卯為絲辰箔巳筐　未桑申綿子僵戌黃亥死
子亂吃丑　以上吉神各有衰旺俱宜與午相加忌辰不宜與午相加為凶
眠
卯上未午上戌俱養蠶絲不熟如卯上亥午上寅相生合則吉　占蠶忌
有神本先日制主損傷三傳再與天盤午生合亦凶凡吉將生氣畏空亡破
碎死虛及死氣替神養神　初傳凶末吉　頭眠勞二三眠旺中末再不

蠶事

吉柱貴力木神爲雀憂事重　白虎臨年人有災　蠶之行年以四生四主亥丑子年居申　寅卯辰年居亥　巳午未年居寅　申酉戌年居巳　年生蠶命主旺年見蠶命午爲蠶命主養蠶人，之行年與蠶

之年命生合吉見凶人見蠶之耗蠶見人掃人不安人年與蠶繭絲棉並

者宜養蠶又生氣更吉戌年立其上亦吉　蠶房爲去東南取其不見人

不見蠶者吉常以蠶之行年加太歲視功曹卩腳見小吉卩傳送卩下宜作蠶

房天魁午上乘宅主熱蒸損大小不齊乘朱大旺合併有財勾併蠶

房龍併大旺后陰武見不吉常併則大發虎併妨殭無財貴併有財

禽畜

日為人支為物支吉則吉又看類神天盤臨生旺方或本日長生方則物吉
類臨凶將凶方不利擬于例推又曰類神天地盤宜無看天盤無刑凶病與走失
地盤無凶必有不治物類所臨之神 地位生于我比和者則生長有利還主人
之債虎于不利干克物難賣干未物主償物債無利類臨刀砧屠灶與血支血
忌月厭死神死氣病符病死帝式破倫帝宅有罵而死之犬牛羊
屬土怕寅虎加臨寅猫卯驢騾辰魚各看生肖以物類所臨之地位為
怕本命從本命上數至月建為物之年屠至灶處刀加砧上主屠宰為屠灶
砧加刀無事子為屠巳灶卯砧當鋪亥買之畜看類神本位有旺相氣為買

禽畜　完

傳囚死（雞烤）不好　牛屬大吉臨旺相方貴囚死烤臨木病臨金破寅臨火有

驚水土可畜迎臨用與天乙臨有氣方主人食白虎并自死句并抵觸人（犯）蛇多

有驚元并臨夫羊屬小吉（臨）金欲畜臨木欲殺臨喪耗臨火旺臨木有利虎

併死臨寅戌逢狼虎逢辰墓死豬屬亥卯臨巳午宜放加金不可畜加土病

死與天乙太乙併為祀用犬為戌臨子捕鼠臨卯能獵丑善走寅發狂巳午

多吠臨未咬羊亥咬豬臨戌齧乘雀加卯咬人太陰併用為祀馬屬勝

光乘吉將臨生地良馬可以為出方牝牡午左門鼓牝牡午右門鼓至月建為

貴門午止處上見虎及斗加辰必死午並雀加金上咬人臨戌其蹄踢人臨丑

好走雞為牝牡臨木能鬥金水可畜丑自死戌殺臨未祀神與勾併雌

作雄鳴上虎併為貍食巳併驚怪猫虎功曹乘虎克日不利指災以上詩

物吉凶難分言在卦推之　元命當病看白虎魁罡諸兇臨六畜類上病臨

六畜本命上地盤者死六畜以月建為川年　與前馬例　凶凶無死虎乘神克

日克辰諸煞有氣皆主病無氣主死不可不辨　病與走失皆不宜朱雀太

陰加本病以巻乃丙午為懸針　太陰辛酉金為刀刃之兆　元課傳中克類神

之墓作用凶　元畜有病宜于生旺之方避之　六畜走失以類所臨之地為走

失方向雞食遠近則臨遠遠近則臨近天乙順行四貴宅為賊逆行元武為

賊三傳有蛇武及日克為人偷去無則為走失視日辰上有制元武日克

則獲辰生日自回日生辰及類加日上辰上自來　伏吟不去反吟走遠類神

念言

六十

凡刀砧屠灶　蛇虎臨罡已死三傳有救不死辰上與類神上見空亡盜

神偷之凡后合陰為人藏匿凡看何天乙係當官家類神之所勝之地為

拘

放縱之所畏之地為拘係若與蛇虎並之囚死之地皆主死亡失牛看大

在

吉將申未則之西南之地陰神之丑丑至未隔六辰為六里旺為六十里相為

三十里若隔三辰只一二里搖囚旺相主遠休囚主近戌申日申時可得日

辰上亦可為獲期

怪異

占怪有無當看螣蛇及鬼，鬼蛇入傳有怪，否則無。欲知何物為怪，神后為貪狼，主怪當尋覓之。神后加於十二辰，又分屬五行，皆可以推怪。以神后加子鼠及水蟲怪，加丑鬼神為怪，加寅虎鳥竹木怪，加卯金蠶兔鳥，加辰風雷怪，巳釜灶變異怪，午赤物及六畜怪，未井羊嫁娶鬼為怪，申刀杖血光怪，酉影像祖先為怪，戌犬為怪，亥豬怪，或異物入廁，金銀石器物怪，木林木花卉木器水，以泊水神，豬鼠大火神，廟祠神，土家神，祖先神，鬼為怪。神后所臨之神與日辰相生者不為禍，相克為禍。又看鬼有入課傳衰旺如何。歌曰：白虎大怕陰神遮，遮起出神類表論，此日被制有無凶，反克干入了。

怪異

六一

禍須定　鬼作初傳禍未休鬼爻臨鬼莫憂傳為甲以申為鬼〻吉論

方便勿憂　空亡之內難推理宜於右式分所以凶神索鬼吉神娛旧病

惡何我病喜　鬼神宜旺忌休囚○雖生子鬼尚堪求一朝因死無倚靠

天降夜夜聲啾啾　凶神喜墓吉神惡吉將若墓真不着凶徒收並入墓中

欲施暴虐曾無路　天狗為雷下九霄因王倚敗降凶妖正時日上相殘害千

里兵權兇殺刀　何日落地兇突危持神加於閭正時月破發刑天殺下段

荒民叛戶遷搬　落乞喪門發墓方主人死喪兇候主逢萬落地人民沒

重敵文鋒爭戰鬥天雹落閭怕落乾　乾方萬民海內似陽煎做今成

來臨子日也共天門落一般　占怪便看日值符月厭大殺凶星殺臨日辰

方可言怪次看宅上誰併天空乘巳水虫怪六合乘亥蒼鳴天空乘未井怪虎乘亥丁死為乘申光吠怪天与太乙蛇入厕如日辰傷伏囚死墓柔开傷傷門死物為怪反此是活物怪丑戶魁罡用有怪或辰戌加卯亥乘宅庫武亦然夜貴帶月厭丁符並臨宅家有神鬼為殃五法看天怪凡日月之華蓋皆是水与宅併武傳兄宅武合士及庫稅昴星皆怪也占怪兄宅加太乙寅猫必刑且速、傳克日又临卯亥兄宅雀与六丁主兄怪寅加亥作月厭宅庫猫食子怪戌加午傳丁狗上床更值天狗大上坊午宅加亥野犬入家鸡鴨叫辰加午作宅妖性驚以室不安午加子陰易雖救未加寅乘太陰主魘魅　日鬼月鬼當分内外死气月厭呼

怪異

六二

加爲怪木爲鬼宿子爲鬼神寅爲鬼門此所三者備無此象妖由人興也
言怪也

占地動亥與地動主災荒流離大動有聲憂在主無聲小震憂在民自西起向東悔少咎自東起向西爲逆災多但看日上及來方怕見金神向武勾虎深憂兵火見天乙天后君后有災見龍合郎度猜摸制使有災有將此將所臨分野即爲災所在也

占河水漲退以有日辰上所臨之辰以決之辰上見蛇虎坐於水神旺相有氣刑克日上神者水漲無虞若日上見蛇勾坐於土神旺相有氣刑克亦上神午剋水退若日辰被此刑克事息漲怨退被此生合

則水怪退

心驚 ○占曰古井無故沸溢如日辰上下相生三合六合三光三陽吉太乙課居上加官小人發財否則不詳 ○占人事心驚或隊財驚動者看行年上有吉將無慮凶將隄防如上得寅卯文書陰私得巳午口舌驚憂申酉兵革及逃亡孝服哭泣呼召辰戌則病丑未咒詛大凡年上見寅申巳午為吉有知己而逢得飲食歡笑也

目跳耳鳴 ○目跳耳鳴看年上得寅卯巳午為喜事申酉亥子為憂事辰戌病訟丑未得食旺相有氣吉囚死凶將得龍合陰事則吉兩宮凶又天地二獄臨日辰與年太凶 又看用神在陽憂在內用神在陰憂在外凡占皆作此論

占夢 ○占夢年上看旺相生吉休囚死絕凶凡睡罷寒至凡占夢者貴賤不論定善惡一看日辰上吉凶有准再看月厭怪矣

六二

物精

占何神作祟知其夢青山又墓臨支怪夢納音墓臨干日一怪夢〇家中有物名而動搖日辰上旺相ゝ者吉逢財加官相克者爲耗財實罡臨陽主男憂罡臨陰主憂女〇登明日辰上的天乙官祿珍寶宅怪夢在文書口舌逢信合婚姻係于稚日上生龍主降三台五康家土午上吉神旺相加

狐鳴件

皆逢子只戌亥諸害又看家之年上決之罡加者吉〇狐鳴稀不吉

春時應于秋冬鳴憂應更亦有日辰年命青山貴人乘之上山實患解

傳將至亡無夕鳴非時而鳴亦看日辰最忌墓〇作武墓〇忌蛇犬神煞〇忌子加戌〇訟病〇實喪〇其係無妨〇〇占爐灶火光日上有天真光勾血主大

坟木死

實宅亡不妨天光正巳悔亦十二大光申亡彰正戌延亦四庫〇占坟上

宅中樹木自枯主災厄，日午上月上戌上三處看吉凶。至占花木非時而開，亦在
年命上寅寅。○占聞犬大吠，不知善惡，看日辰上見天罡是有人持兵器，太
乙逢都賊，未勝光風起，小吉覓飲食人，從魁天魁傳送神后是神鬼，登
明是豺豹，大吉是吠聲吠影，太沖木折。○野蜂入家，以時占有災集
處，如在太歲歲刑破大殺煞下主家生耗災，集胎德上大吉，辰上生旺吉將
亦吉。○逢遇野獸，戌上逢凶將主悲泣，無端有獸入城市，獄多冤，太歲
上凶將征伐頭揚，看人亡陽上下相生吉將同居。占牛驚牛走，六陽上下
相克凶將刑傷路上。見鼠忌用元武，防盜荒草中，見小鼠忌太陰臨日
辰有奸人隱伏。○犬上屋，日上生旺吉將無妨，如日上有凶將休囚刑克

怪異

六ワ

三年內有喪病○鴉鳴有鳴方上得何神將亥吏來子丞女來丑亂所得ㄧㄧ
食寅貴尸卯得食辰官府文書門訟巳吏至午詞命口舌未女人得食
中宰債人申丞女人奴婢得食表 一日帅戌官吏至以天將詳吉凶又法以
正財占有方上神魁罡訟尸起巳亥吏逆且六女銅錢未女得食寅來
請客中逢乞丐子丞午口舌卯陰私丞文狀㐫 占鵲叫看視方上定ㄧ次
日辰定ㄧㄧ陽日看日陰日看日辰各從干德返支德处无鳴往來有信得
食徵召鵲坐天井六合乘戌加卯丞十日內有奴走得以類推○屋合
屋簷上見蛇亦有方上神將吉凶水坐在火相臨地方口舌爭罵上蛇交不九日
辰吉○野鳥入宅无鬼撲月往方來音詞得食動頭搖尾收家

辰巳午日亥孤見太歲克未乙遇一年遇一年貴人凶不雅產但見形月內百天防火與賊盜。遇上蛇惜只有日上神將克害即宜回旋不可前行。如吉則不妨逆行來防盜順行喜又要巳交與日相生吉見凶蛇交並參　申貴侯日未辰相加為天河卯子相加為地井日干加在河井上主傷合無土克制又是水將貴人主溺死正月占虎來寅克干又克年又逢雌虎煞主虎噬人（雌虎正月起寅順行十二支）白虎逢卯為縊麻煞又逢天地勾煞又見天空主自縊死　凡此課傳中怪象與日辰相生旺相將吉不為災怕與日辰刑克將又凶防凶災侯以將決吉凶罡加孟有災仲家災季吟災

怪異

六甲

雜占

占歲內吉凶以太歲加本命看行年上見寅申主人增官晉職入納財見辰戌災厄病或辰戌加日亦然陽命以大吉陰命以小吉加本命看行年上有寅卯巳午歲中有喜慶事如與干德併所求如心 必有財帛又男以功曹女以傳送加本命其行年上有文德者主福利 文德子 甲丑 辛寅 丙卯 癸辰 戊巳 丁午 庚未 乙申 壬酉 癸戌 庚亥 辛 又男以功曹女傳送加生月看行年火煞四孝服災厄一 又曰 歲占以太歲上神斷之又以支上神分十二月看日辰年命如何 月占以月建上神斷之 初傳為上旬中傳為中旬末傳為下旬 日占以日辰上神斷陽日看日上陰日看辰上以三傳分時

雜占

傳是酉辰初子丑寅卯中辰巳午末未申酉戌亥〇占貴賤子午丑未寅申生人以罡加命卯酉巳亥辰戌生人河魁加本命看生月上加傳送小吉神后主大富貴天罡加本命爲生月上見登明太衝大小吉次之子午寅申亦貴魁罡貧賤此與大略也生下今看富貴命日辰年上見吉神有旺相兼用神復始旺相爲有根底富貴爲初凶末吉終衰復旺乃暮爲名位雖有旺相并用終逆與天乙不相生雖得必失為得官者日辰年上見木神因剋文孔諷誦究索而得火神善言詞雅犯伺察而得土神敦厚有財精而得金神則斷而得水神以多計廣慮直逆而得爲失官者木神以不善則斷動移而失火神以誆騙而失土神以貪情失信而

失金神以逆戕逆害而失水神以奸邪貪婪而失○占謀望各有類神
謀傳中見類神旺相不落空亡上下相生與干支合所謀必成無類神雖
有而為日鬼又刑沖破害隔決不成占財見日辰託人終不濟事○占事成敗
干支有氣有合則成、神入傳見物戕干上神見支上神求事必成反此敗
救解危事須要脫氣逆神三傳不要有氣日月歲破皆宜之○求物須
失以日為人辰為所求之物、類神又要有日上神能制物必須日制辰
無須忌二者反制日與日上神印雖見吉神不內戕相旺而遇至物之多少
大凡以神將決之○占心有憂事謀傳旺相為吉又有所憂何事責何
類神傳有見害日傳入年有救則憂不成再有憂疑事彰露皆可見

他家我之克我來空附傍皆以拘假 日占動靜久動思靜要干傳支久靜思動欲以支傳干以干主動支主靜也又傳中見丁馬有無以論其動靜○占弟子從師通達以今日之辰占之日為弟子辰為學業正時為師今日與正時相生必久受道于良師所學有益時若帶天空元武制日主師不肯授日上凶神囚死弟子不受教或愚鈍終難長進假時帶凶遇師不佳正時為師正取其天將之所加也○占人謀害已以日上神為己身辰上神為他人辰上神制日上神則來日上神制辰上神則不來有慾不敢發於日上有蛇虎魁罡害己必成辰上以常御難為害空怀恶意日上辰上相生比和則兩相釋怨更以貴將有謀無益

○占人呼召可往否日上神旺相、生神將吉者可往如見蛇虎魁罡者不可往此專以日為己身支為往處支上神參看生旺休囚占出行參看雖以日為己支為所以前長卑幼言之○占路中見人來善惡以神后所臨決之加孟良加仲商賈加季將人

商賈加季惡人

○占逢客船來惡與善有天罡加孟吏加仲商季惡人甲午上神生旺

卯門

占人卯門善惡日上午上神生旺將為好客反此為惡人○日上見亥為征戍卒役子為奸盜丑為貴人相合寅為吏來卯儒士人辰山根戍官府旬嗔巳乞馬午遊怪食求來求飲食申以客向路或僧道請求酉女子借索戍山徙○占投宿人善惡正時加太歲上神賊天乙是逆節人日上神勝日者人不可收留又主客往豹尾黃幡上來者不可容受六畜奴婢在同○占人逢酒食善

雜占

六

惡視魁罡並臨未辰上次為神后太沖有詐不可吃如日辰上作龍合是好心數年不食○占人來奇物支見日不可納時見日不可納心鏡曰辰上陰神有善惡遇克干特御攻危更視支神所臨處臨處神傷日不宜問其事發因何故將遇天官以決之○占入人家察吉凶看發用神將吉凶衰旺以定其盛衰善惡○占往察器事遇時據於天罡酉天罡卯下察察必得其情○占問喜憂尚未知虛實當隨其所在察察兆聞不美事視陰陽中有白虎入火天空入水即惡事不虛若陰陽中有龍合常臨水火火鄉曰青龍躍水六合逢門太常兄母善事不虛凡占憂事用神囚死而臨所畏畏鄉其憂即虛反此為

虛傳也。又將初傳水臨土上，中末見木神，或木將，或初末木脚，有救，憂散。正將日辰上魁罡，因死有憂。○占來人言語虛實。日上為來說者，支上為主人。○日上神克支上神，是說者克主人也，其言不可信。○凡主人克說者，支上神克日上神是，其言方信。六合、陰、空、白虎、武、魁罡加日，其言多詭詐。系從干克支，言虛；支克干，言實。如干支相生比和，虛實相半。又言吉事，看青龍；凶事，看白虎。若日比和則實，克賊則虛。又傳送、朱雀化入天空來人，反復欺詐。又以神后加其人坐處，罡加孟，不信；仲，半信；季，全虛。○占人情虛實。○辰上神刑克日上神。○賓也。日上神刑克辰上神，虛也。○要略日辰寅卯、陰、空、白、武、魁罡臨日，虛。○辰上神克日上神。○防賭中有損。○日上辰上有白虎魁罡，防凶人。○問人死虛實，日辰上有系，傳中末見

雜占

完

白虎者不死反凶是寅白虎臨日辰上更的。日占被人使去取視日辰在天乙前已行在天乙後不行又有其人行年上見申必行見寅不行見天馬行見簾簾不行。占喚人來取月將加支看正時上見魁罡午子便來寅申難來少遲見卯酉去遠卯酉巳亥虛言其實不來丑未來緩又法男以日女以支與正時相生來相克不來又法占男人看申（傳送）占女看太乙加孟未來仲半道季即至又魁罡為遲速之神疾以日辰上見魁罡倚門而待大瑞日為我辰為他日辰相生則至克害不至日克辰其人想而不敢來辰克日其人怪我不來辰上見天空○、亡○元武○皆不來○說來是虛言○辰上見天空為別是我云虛情三傳順來逆不來○占與約人期會看天罡臨日辰可會又天罡去日前

為巳吉在日後為未來又伏吟不來三傳合卯未日上神相生比和必約吾

刑冲破害失約又勝光在天乙前其伴先有在天乙後伴在後在本位

主相見○占進退人口干加支作吉將吉宜進退人口支加干來凶將主退人口天

喜六合龍常加支可進人口○占裁衣日辰上有吉神旺相氣之課有龍常

其龍常所居神與日辰相生克以定吉凶○占求飲食以月將加正時求飲向

小吉下求食向大吉下○占挖井有泉否太常所臨是厚泉處如上來天空凶

無不可挖○占水患辰為天河臨亥為地井子卯相加亦同日辰是水三傳

水多無土主有水溺之患或臨日臨年溺水必矣或有日鬼則以鬼類

推之有水鬼有祟○占大災土神與雀蛇相加克日辰或臨宅更值天火

雜占

七十

血有大灾○占土灾遊子斬関三傳土多損日克身無木它帘無收卯
有石壓墻倒之患無木及救神并三傳命忌值山崖頹墻之下○占木
灾年命三傳木賊無制更有蛇帘山煞併横死神死氣相并主梯柱
折壓忌入樹林破屋及倒樹处○占刀劍灾年命三傳劫亡五鬼金神
三殺丧弔相并中有殺傳之患無救即死○占入山看雖虎煞加日辰
行年克身防虎噬○占漁獵看發明加日辰大獲○太冲為寅殺神為
傷人○主獲○以太冲加午○火能克金○加丑為生门鳥獸中刀狀有走失防虎
狼○凡煞罡它帘犬狗正时傳大狗伏吟卯星不利以日為弓矢網罟捕獵
丶人辰為鳥獸魚鼈日上神有氣辰上神無氣必獲反此不利又斗

加季夜盡不以日辰年上神能制何物類則必獲為所制之物而鳥卯虎午雀之類從微為文依三十六禽斷之漁獵從用青龍合又傳送天后為絲綸鈎句尔宜太冲為漁舟者上下相生獲者傳中不見寅亥卯占白獸（白虎）為不見獸不必獲也◎占博奕勝負七十二占問有無視虛派以亞時論在派上坐者虛勝虛上坐者虛又日為客辰為主日上見天乙尤常能制辰上有客勝辰上見天乙尤常能制日上神者主勝天乙尤常所居神勝其子孫必勝如金神勝亥子水星也又各取年上神決之吉勝我年上神雖吉而彼年上神反來克我亦主負先呼為客後應為主客用干主用支干克支客勝反此主勝一人占只有日上与用生旺有氣必勝

占鬪鷄鬪憶悖以日為我辰為他在為鳥日克辰、生日我勝反此他勝
辰克日宜在家以待其來則勝日辰比和兩解龍入傳亦勝凡占要財
有氣得地旺相、生龍妙日辰比和伏吟知一不鬪六合朱文發用不鬪
傳中和末空亡不鬪大概鬪爭為出軍例〇占鼠耗盜以太乙加月建大
煞下卯為辛鄰取其方泥土泥月厭上大吉泥灶更吉〇占人來投奔、
如當辰克日辰陰克日上神正財克日辰因克日辰日上六神常上克日
上皆有妨害不可留〇凡上送酒食日辰上神見卯辰子巳奸詐不可吃〇
占人心驚動年上見寅卯文書陰私巳午口舌驚恐申酉刀兵醫門亥子
有哭泣尹命見辰戌疾病丑未有咒詛其脈与憂喜同有天地二獄皆日辰此

天獄巳亥丑未
地獄辰午戌子
的の付論